Mario Svigir

Capitalismo sustentável em construção

Mario Svigir

Capitalismo sustentável em construção

O papel das escolas de gestão na promoção da agenda da sustentabilidade no contexto da aprendizagem ao longo da vida

ScienciaScripts

Imprint

Any brand names and product names mentioned in this book are subject to trademark, brand or patent protection and are trademarks or registered trademarks of their respective holders. The use of brand names, product names, common names, trade names, product descriptions etc. even without a particular marking in this work is in no way to be construed to mean that such names may be regarded as unrestricted in respect of trademark and brand protection legislation and could thus be used by anyone.

Cover image: www.ingimage.com

This book is a translation from the original published under ISBN 978-3-330-33171-6.

Publisher:
Sciencia Scripts
is a trademark of
Dodo Books Indian Ocean Ltd. and OmniScriptum S.R.L publishing group

120 High Road, East Finchley, London, N2 9ED, United Kingdom
Str. Armeneasca 28/1, office 1, Chisinau MD-2012, Republic of Moldova, Europe
Printed at: see last page
ISBN: 978-620-3-69366-9

Copyright © Mario Svigir
Copyright © 2024 Dodo Books Indian Ocean Ltd. and OmniScriptum S.R.L publishing group

Gostaria de dedicar este livro a todos os meus amigos, colegas e professores que me ajudaram a escrevê-lo, especialmente a Davor Zelježić, Dzena Garibović e Markus Konglaves. Muito obrigado à equipa do LAP que tornou tudo isto possível e geriu todo o processo de uma forma muito profissional. Neste contexto, os nossos agradecimentos especiais vão para a editora, Sra. Bostan. O capitalismo sustentável é um velho e novo domínio de investigação, de grande importância para a economia global e para a humanidade. Gostaria de dedicar este volume aos milhares de cientistas que contribuíram para a concetualização do desenvolvimento sustentável nas últimas três décadas, sob os auspícios das Nações Unidas, e a todos os líderes mundiais, especialmente os líderes políticos do G7 e do G20, que apoiam e subscrevem o acordo climático de Paris e a visão e missão dos Objectivos de Desenvolvimento Sustentável. Os meus agradecimentos especiais vão para o Papa Francisco que, como um dos líderes mais ilustres do mundo, apoia de todo o coração um caminho sustentável e inclusivo para a economia global. Por último, ou mais importante, como pessoa espiritual, agradeço a Deus que me pôs em contacto com pessoas excepcionais e me ajudou a adquirir o discernimento e a perseverança de que necessitei na minha jornada para escrever este livro, e dedico-lhe este livro.

Índice :

1) Introdução

Muitas vezes pensamos que o conhecimento sustentável está exclusivamente ligado à informação sobre certas formas de crise ambiental. No entanto, quando falamos de desenvolvimento sustentável e insustentável, estamos a falar de uma crise sistémica da dimensão a longo prazo da economia e do modelo empresarial a todos os níveis, do local ao global, com consequências nefastas para as pessoas e o planeta, bem como para os diferentes tipos de organização económica da vida, que nos privam de qualquer futuro económico, social e ambiental. A crise a longo prazo é uma crise de investimento a longo prazo, mas é também uma crise de capital humano e ecológico. Costumo dizer que, como tal, é também uma crise oculta do capital financeiro e de qualquer tipo de capital futuro a curto prazo ou de retorno financeiro, que põe em perigo não só a nossa capacidade de criar rendimento, mas também o valor da riqueza acumulada à escala global. Sem investimentos a longo prazo e medidas a longo prazo por parte da economia e das empresas, as medidas construtivas a curto prazo tornam-se míopes.
Este livro pretende contribuir para o atual debate sobre o crescimento global moderado e estagnado, a redução das crescentes desigualdades entre países e no interior dos mesmos, e a crítica a um sistema que não está a cumprir as suas promessas em termos de aumento do investimento, difusão de tecnologia, rendimento e prosperidade, e difusão da inovação. Por último, o atual modelo económico ainda não permite a integração dos impactos sociais e ambientais nas normas de tomada de decisão, para complementar a atual ênfase nos pilares da eficiência e da eficácia de toda a atividade económica.

A natureza insustentável das actuais crises sociais e ambientais globais está a ameaçar a situação financeira do mundo. O degelo das calotas polares coincide agora com um ataque global de protecionismo de todos os tipos, as tensões geoestratégicas globais coincidem com a desigualdade de rendimentos, a acidificação dos oceanos e a desertificação estão a alastrar, tal como a ameaça do terrorismo global. A questão da sustentabilidade económica, social e ambiental global tornou-se, mais do que nunca, uma questão de sobrevivência global. Temas como a justiça ambiental e a justiça social estão a ressurgir como elementos de um capitalismo mais sustentável e do modelo económico que dele decorre. Mais uma vez, a interconexão global nos convida a procurar novas formas de responsabilidade colectiva e a participar de forma sustentável nas cadeias globais. E esta não é, de facto, uma discussão especulativa que possamos debater em pormenor, porque pertence a um futuro distante. Já está a acontecer agora.

Todos os elementos de insustentabilidade acima referidos estão já à nossa volta, sendo os seus efeitos ainda mais agudos nas regiões menos desenvolvidas do mundo, mas ninguém está verdadeiramente isento desta teia de interdependência, nem mesmo as potências económicas mais avançadas do mundo.

A crise da sustentabilidade é essencialmente uma crise das nossas relações económicas, sociais e ambientais. O movimento em direção a um modelo económico sustentável, a que me refiro mais como um modelo global, um modelo de capitalismo sustentável devido à sua disseminação, é um movimento em direção a uma nova relação entre nós como seres humanos, entre nós como seres humanos e a Terra, entre os recursos financeiros e nós como seres humanos e a Terra. É uma espécie de apelo sistémico à mudança, que pode parecer verdadeiramente revolucionário para alguns, mas que é, na verdade, uma evolução ou expansão das relações existentes no sistema económico. Os antigos filósofos gregos teriam chamado a isto uma nova teoria da sustentabilidade na economia, o que significa que as formas ou ideias de sustentabilidade são consideradas de uma forma mais ou menos sistémica.

Até agora, as questões de igualdade ou equidade têm sido mais ou menos tabu na avaliação do sucesso de uma economia, devido à exclusividade de conceitos como meritocracia de mercado ou benefícios criados, lucro ou excedente, mas este modelo tem deixado muitos de fora, como indicam muitos documentos das Nações Unidas sobre desenvolvimento sustentável. Por outro lado, a introdução de conceitos como a igualdade ou a equidade (social ou ambiental) na equação económica não vai tornar a economia menos económica, mas sim procurar tornar o modelo económico e empresarial global mais sustentável, mais resiliente e até mais produtivo. Este novo modelo de capitalismo sustentável exige uma abordagem mais madura, a fim de avaliar melhor todos os elementos envolvidos numa atividade económica. A atual dependência excessiva dos ganhos financeiros a curto prazo conduziu à atual instabilidade global, em que perdemos de vista o facto de todos vivermos e beneficiarmos da atividade empresarial em conjunto, mas que esta só pode ser rentável a longo prazo se for sustentável. Quanto mais nos esquecemos disto, e quanto mais ignoramos as desigualdades económicas e os desequilíbrios ecológicos, mais instáveis se tornam os nossos rendimentos e o valor dos nossos activos acumulados. O capitalismo sustentável à escala global é um estado em que uma oferta global constante satisfaz uma procura global igualmente constante de bens e serviços. Basicamente, devemos investir sempre nos nossos clientes, porque os nossos clientes também investem em nós, e todos nós devemos investir na Terra, porque a Terra investe constantemente em nós. O capitalismo sustentável é também um solipsismo ecológico ou financeiro que não reconhece as várias externalidades económicas ou industriais negativas que gera. Só assumindo a responsabilidade pelo status quo dos vários problemas sociais e ambientais sistémicos gerados por um modelo económico desligado da sociedade e do planeta é que podemos fazer verdadeiros progressos. No entanto, esta crítica deve ir em todas as direcções. Não podemos responsabilizar as empresas globais por todos os problemas associados a práticas insustentáveis, nem podemos justificar todas as medidas adoptadas pelos governos, instituições internacionais ou organizações não governamentais. O capitalismo sustentável não implica noções exclusivas de "quem está aqui" e "quem está lá". A sua abertura inclusiva permite que as partes interessadas participem na criação de uma nova realidade, o que significa também que abre o potencial para um crescimento e um reequilíbrio futuros partilhados. Como tal, exige que enfrentemos os nossos egos em muitas frentes. O modelo atual baseia-se naquilo a que os psicanalistas chamariam uma perspetiva egocêntrica e de exclusividade, o que significa que tende a rejeitar tudo o que não compreende, controla ou utiliza. A única forma de nos tornarmos menos egocêntricos é a nossa capacidade de nos colocarmos em perspetiva, de modo a podermos ver o verdadeiro significado e objetivo de nós próprios e dos outros em ligação mútua. Um cientista meu amigo disse-me uma vez que era interessante que, no contexto do universo e da sua vastidão, cada um de nós não fosse mais do que um grão de poeira passageiro, mas ambos concordámos que, apesar deste facto, assumimos muitas vezes que cada um de nós não é mais do que o centro do universo. Quando se coloca as coisas em perspetiva, tudo faz sentido.

Neste sentido, o capitalismo sustentável não tem a ver com a abolição dos mercados ou dos lucros financeiros, com o estado da tecnologia ou com a atual digitalização do mundo, mas sim com a procura de formas novas, mais inclusivas e abrangentes de criar riqueza e rendimento, preservando e desenvolvendo simultaneamente os habitats humanos e naturais. Como tal, deve também ter uma orientação política a vários níveis. Mas será que podemos debater a viabilidade de um tal capitalismo sustentável e a nossa capacidade de o moldar ou de lhe sobreviver e de orientar as nossas empresas nessa direção? Este livro centra-se no potencial das escolas de gestão não só para facilitar este processo, mas também para o orientar. É evidente que a ambição e a missão das escolas de gestão não se limitam à prestação de serviços educativos relacionados com a sustentabilidade, mas também à criação de novos valores relacionados com o capitalismo sustentável, que só podem ser mantidos e desenvolvidos se forem suficientemente transmitidos a muitos, se não a todos, os intervenientes no capitalismo global e local, como parte da sua aprendizagem ao longo da vida.

No seu artigo sobre o potencial das escolas de gestão para evoluírem no sentido de um melhor modelo económico moderno, Henisz (2011) argumenta que essa reforma é possível, mas apenas se uma liderança interna esclarecida e os recursos da sociedade civil, do governo, dos estudantes e do pessoal das escolas de gestão conseguirem articular as suas exigências de reforma, abordar as preocupações profundas sobre o neoliberalismo na política económica em geral e formar uma aliança improvável para ultrapassar um corpo docente bloqueado, para fazer deste livro uma tentativa, contribuir para uma aliança global em prol do capitalismo sustentável, delineando as suas principais caraterísticas (tal como salientado nos principais documentos das Nações Unidas sobre desenvolvimento sustentável), defendendo o que se designa por New Deal para o capitalismo sustentável, que descreve o capitalismo sustentável como uma resposta sistémica às deficiências existentes no modelo atual e, finalmente, sugerindo que o compromisso das escolas de gestão com a aprendizagem ao longo da vida deve ser utilizado como um formato adequado para o ensino do conhecimento global.

2 .) Os limites do atual modelo capitalista global e a necessidade de desenvolver o capitalismo sustentável que está a emergir

No meu ensino em geral e nas minhas consultas económicas com empresários, políticos e outros grupos profissionais, constato regularmente que o conhecimento e o debate qualitativos sobre a macroeconomia em particular são sistematicamente negligenciados e/ou inexistentes neste momento. Ou é estritamente reservado aos debates académicos, ou é negligenciado na compreensão geral dos inúmeros novos fenómenos da economia ligados à globalização. É uma pena, porque a macroeconomia, enquanto disciplina, está fortemente orientada para uma compreensão global dos fenómenos económicos. Pode dar contribuições mais do que interessantes para os vários padrões emergentes ligados à quarta revolução industrial e às plataformas de disrupção digital, e oferecer uma perspetiva adicional sobre o que está a acontecer com os indicadores tradicionais de sucesso económico a nível local, nacional e internacional.

Do mesmo modo, a macroeconomia pode fornecer informações valiosas para a compreensão da livre circulação do trabalho, do capital e da tecnologia ou, de um modo mais geral, dos efeitos da liberalização ou da integração. No entanto, algumas pessoas descrevem-na explicitamente como ultrapassada, na maioria das vezes por gurus económicos de todos os tipos que, na realidade, não compreendem o seu conhecimento sistémico, daí o nome. Creio que, nesta forma adaptada, pode contribuir para uma melhor compreensão do papel que a sustentabilidade pode desempenhar na economia como uma mistura dinâmica e complexa de forças de crescimento e estabilidade, integração e diferenciação, que no seu âmago está longe de oferecer uma espécie de panaceia para todos os males, Pelo contrário, trata-se de um paradigma que se presta não só a um manual académico, mas também a um exercício que os estudantes e os profissionais podem utilizar para compreender a complexidade e a dialética envolvidas na confrontação de um capitalismo sustentável com um sistema de gestão de riscos.

Uma velha profecia da economia clássica afirma que toda a produção eficiente será igual à sua procura. Aos poucos, apercebi-me de que, quase dois séculos após os primeiros escritos sistemáticos sobre a natureza dos mercados, as fontes de crescimento ou a chamada riqueza das nações, muitas pessoas acreditam hoje, tal como os economistas clássicos, que qualquer oferta de bens corresponde necessariamente à procura desses bens. Indiretamente, acreditam que o sistema atual é, portanto, sustentável. Basta ser eficiente, eficaz e adaptável e, eventualmente, alguém comprará os bens. A premissa desta linha de raciocínio é o antigo pressuposto de que a economia funciona no limite da produção ou no pleno emprego (não só do trabalho, mas também de outros factores de produção). O passo lógico seguinte a este pressuposto é o princípio de que todos os factores de produção estão empregados e geram rendimentos. Em conjunto, estes rendimentos constituem um conjunto de rendimentos que pode ser gasto sem problemas em tudo o que é produzido. Nesta abordagem, o problema não está necessariamente do lado da procura da economia (que pode e quer gastar todo o dinheiro ganho), mas apenas do lado da oferta, que tem de produzir mais com menos. A paisagem económica assim concebida exigiu simplesmente mais dos produtos oferecidos. Já era assim durante a primeira revolução industrial. E sim, a uma oferta melhor, mais abundante e mais barata de bens (e mais tarde de serviços) corresponde uma procura abundante desses bens. E este crescimento da oferta e da capacidade de produção mundial teve um excelente boom no século passado. Mas, depois, a sobrecapacidade tomou conta de tudo. Mas, infelizmente, verifico que muitas pessoas continuam a acreditar que esta hipótese clássica ainda é válida nos dias de hoje, apesar de todos os indicadores que perturbam a realidade contrária desta hipótese, proposta como uma verdade económica linear.

No sistema capitalista atual, toda a atenção está centrada na oferta de bens e serviços, para que esta possa satisfazer a procura correspondente, que se espera que aumente constantemente. Tal como a pedra filosofal, as relações monetárias e de crédito tornaram-se o elo ideal entre a procura crescente, alimentada pelo rendimento, e a oferta crescente de bens e serviços. O desenvolvimento do sistema de intermediação financeira foi a solução para a pedra filosofal e serviu para sustentar tais afirmações e suposições de que uma oferta eficiente acaba por satisfazer uma procura viva de bens e serviços, mesmo antes de a moeda e o crédito começarem a desempenhar um papel tão proeminente na economia moderna, Como numa economia medieval, só se podia comprar o que se podia produzir e vender (ou seja, trocar pelos bens que se compravam). Como na economia medieval, só se podia comprar o que se podia produzir e vender (ou seja, trocar por bens comprados). Naturalmente, essa autarquia era um processo demasiado lento e pesado, pelo que era necessário um intermediário para permitir o aparecimento dos sistemas mais complexos da economia. A moeda e o crédito eram, portanto, necessários para criar esta velocidade de procura. Era agora possível emprestar dinheiro na esperança de que o devedor o pagasse um dia ao credor recém-adquirido. Assim, após a primeira revolução industrial, foi possível produzir e comprar mais bens. Este processo nunca parou e tornou-se mais rápido e mais rentável com a diversidade em constante mudança do crédito e dos activos financeiros disponíveis. Tudo parecia mais do que ideal. Com o desenvolvimento da moeda e da relação entre devedores e credores, o investimento e a poupança nasceram e, consequentemente, assumiram um papel mais importante na teoria e na prática económicas. Tudo corria bem se partíssemos do princípio de que os ciclos produção-consumo e poupança-investimento eram suficientemente dinâmicos, mas também suficientemente estáveis. Tudo isto foi interrompido pela grande crise financeira e não financeira dos anos trinta. Mas nos períodos excepcionais do primeiro quartel do século XX, o pressuposto de que toda a oferta satisfaz toda a procura terminou abruptamente. A realidade histórica teve um efeito desencantador sobre este pressuposto. A enorme crise global que eclodiu nas primeiras décadas do século XX não foi apenas uma crise de oferta global ou local, mas uma crise de procura global.

O que é que isto significa? Significava que os economistas clássicos se tinham enganado ao pensar que qualquer oferta global poderia satisfazer a procura global ou local. A oferta e a procura globais foram oficialmente dissociadas sob a forma da grande crise financeira e da estagnação da década de 1930. O pressuposto de que os mercados podiam resolver automaticamente as suas crises foi desmentido pelos acontecimentos do gigantesco rebentamento dos mercados de capitais, a inflação tumultuosa que transformou o dinheiro em pilhas de papel barato e a capacidade de produção em armazéns vazios de mercadorias por vender. O que vivemos durante a grande crise financeira, produtiva e de rendimentos da década de 1930 pode ser descrito simplesmente como um processo de desconstrução geral dos mercados monetário, de mercadorias e de factores de uma forma sistemática. Foi uma grande crise de sustentabilidade do capitalismo. Quando a crise eclodiu, deprimiu os produtores e provocou o colapso dos rendimentos dos factores económicos. Os proprietários dos factores económicos - trabalho, capital, recursos - reduziram a sua procura de qualquer bem e suprimiram a produção adicional. A consequência foi a ruína. A miséria social e outras formas de insegurança rapidamente despoletaram outras formas de mal social (que nunca entraram em sono profundo) e serviram prontamente de palco para o que conhecemos como um dos períodos mais destrutivos da história da humanidade - a Segunda Guerra Mundial.

Para não alongar ainda mais este debate (já demasiado longo), gostaria de voltar ao tema dos mercados e do seu carácter global, tal como expresso no fenómeno da primeira crise mundial. Esta crise mostrou claramente que as economias são mais globais do que alguns gostariam e que o contágio pode espalhar-se incrivelmente rápido através dos sistemas de oferta e procura e penetrar muito profundamente através dos poros financeiros e não financeiros. Poder-se-ia argumentar que tal situação não é possível atualmente. Pelo menos hoje: a) sabemos muito mais sobre os ciclos económicos e estamos "prontos" para aplicar soluções políticas anticíclicas, e b) o mundo moderno, na sua forma globalizada, não está condenado a depender tanto da procura nacional global, porque na globalização produzimos e consumimos tudo globalmente e a oferta nacional pode, portanto, ser satisfeita por algumas formas de procura global. A ideia é que haverá sempre alguém que comprará os nossos bens, se os conseguirmos produzir de forma eficiente, mesmo que a nossa procura local ou nacional por eles seja completamente esquecida. E por mais que esta afirmação nos leve a negligenciar a procura nacional e local, que é muitas vezes o resultado de uma negligência sistémica da igualdade de rendimentos locais e nacionais, não podemos negligenciar o mesmo problema ao nível da oferta e da procura globais numa economia globalizada que, como temos repetidamente salientado, está mais interligada e interdependente do que nunca.

Perante a expansão do crédito, muitos assumiram que o único problema era transformar o mundo num vasto mercado global onde tudo pudesse ser produzido e vendido de forma mais eficiente e mais fácil (a custos mais baixos). A crise global da dívida demonstrou a invalidade de tal pressuposto e abalou a ideia subjacente de que qualquer oferta pode facilmente satisfazer a sua procura solvente. O oposto era verdade. A procura não era ilimitada. Tinha limites claros na capacidade dos devedores para reembolsar os seus empréstimos, que serviam de canal financeiro para a procura de bens produzidos em todo o mundo. Em muitos casos, a avaliação desses limites era demasiado otimista. A capacidade de produção e, por conseguinte, a capacidade de reembolso, de muitos países e indivíduos era fraca ou vulnerável a rápidas mudanças no ambiente e era indiretamente influenciada principalmente pelo desenvolvimento e aprofundamento dos sistemas e mercados financeiros. Aqueles que estavam a produzir menos tinham menos capacidade para investir mais quando a primeira crise mundial começou, pelo que continuaram a recuar em termos de produção. A sua capacidade de produção ficou rapidamente presa num círculo vicioso de subdesenvolvimento, agora agravado pelo enorme peso da dívida sobre as suas costas. À medida que a crise da dívida se espalhou mais ou menos por todo o mundo, tornou-se claro que o crescimento global tinha limites, nomeadamente os limites da sustentabilidade da dívida global. Os mercados financeiros recusaram-se, compreensivelmente, a refinanciar os devedores (quando isso era possível, e no caso de alguns grandes devedores era impossível) quando estes precisavam de dinheiro, principalmente para estabilizar e modificar a sua capacidade de produção e de pagamento, o que teve como resultado uma deterioração mais rápida do que a sua transformação.

Tornou-se claro que o mundo se tinha polarizado entre países desenvolvidos e subdesenvolvidos, e que o fosso entre os dois tinha aumentado nos últimos anos, se não décadas, com os mercados financeiros incapazes de o colmatar. É lógico que mesmo as suas poupanças tenham sido redireccionadas para soluções de crescimento mais seguras nos mercados desenvolvidos, onde a procura foi orientada de forma a estabilizar os sistemas até ao fim do declínio da procura global (o que nunca aconteceu até agora). Logicamente, os factores de produção necessários à estabilização e a novos ciclos de crescimento nos países endividados e menos desenvolvidos começaram rapidamente a fugir dos seus países de origem estagnados, deixando-os cada vez mais vulneráveis à ativação de todo o tipo de males sociais, mas, desta vez, estes fenómenos não são postos de lado devido ao elevado grau de interconexão, em que tanto o progresso como a pobreza e as crises ambientais e as suas consequências podem ser causados por um elevado grau de interconexão. Deste ponto de vista, os países desenvolvidos mostraram-se mais resistentes e até, se for caso disso, menos dependentes, mas, ao mesmo tempo, os países menos desenvolvidos mostraram-se seriamente dependentes e totalmente insustentáveis em relação à espiral descendente da economia global.

Será que este processo pode ser invertido apenas através de um pensamento positivo ou através de algo mais real do que o anúncio de medidas administrativas por parte de instituições globais, que se aproximam de formas institucionais de discurso caridoso e de reuniões informais para troca de opiniões? O que a economia clássica não sabia era que, à medida que a economia global se desenvolve, apenas um fator de produção, que não pode ser deslocalizado, será sujeito à destruição de forma sustentável, e esse fator de produção é a terra, com os seus recursos frágeis e a sua delicada capacidade de regeneração. A escala e o ritmo de crescimento da oferta e da procura globais, bem como o crescimento demográfico, têm tido um pesado impacto sobre a Terra. Agora, o declínio da Terra está a afetar-nos também a nós. Ameaça seriamente minar tudo o que temos, tudo o que podemos fazer e tudo o que somos. Assumimos de bom grado que a Terra precisa do seu próprio ritmo e espero que tenhamos assumido de bom grado que os seres humanos também precisam do seu próprio ritmo, porque não somos máquinas de produção no sentido em que o entendemos. Que papel desempenha a sustentabilidade no atual modelo de crescimento económico e empresarial? Não será tempo de integrar sistematicamente a sustentabilidade na teoria e na prática macroeconómica, no desenvolvimento e na política económica? Esta é apenas uma breve panorâmica analítica de algumas das caraterísticas sobre as quais os macroeconomistas de hoje deveriam refletir. É preciso agora fazer algo mais sintético. Em primeiro lugar, o desenvolvimento sustentável deve ser aceite como uma extensão de outros objectivos macroeconómicos a prosseguir no novo milénio. Em segundo lugar, precisamos de um novo quadro para a estabilidade e o crescimento da economia mundial e da comunidade mundial, um quadro que não seja administrativo, mas que também não negue os problemas existentes, como acontece atualmente. Os riscos são grandes e temos de atuar agora. Nós, seres humanos, fomos capazes de gerir riscos e desafios de todos os tipos, e podemos voltar a fazê-lo se nos esforçarmos por reduzir os nossos receios e desconfiança face aos riscos inevitáveis que enfrentamos. Em terceiro lugar, qualquer nova visão do desenvolvimento deve integrar não só os benefícios e as vantagens, mas também as responsabilidades e os deveres de todos os actores globais. Esta é a única via para um novo caminho e um novo ciclo de expansão do capitalismo sustentável e uma saída para a crise crescente, que é verdadeiramente uma crise de procura global. Em quarto lugar, os mercados financeiros pouco podem fazer para nos ajudar a orientar as coisas na direção certa. Temos de agir exclusivamente na esfera produtiva e avaliar de forma mais realista as interdependências entre todas as economias do mundo, entre os mercados de matérias-primas e os mercados de factores.

Qualquer forma de capitalismo sustentável deve garantir que os mercados funcionem de forma mais eficiente e sejam mais credíveis enquanto mecanismos de distribuição. O mesmo se aplica à regulamentação e à governação global. As reestruturações do lado da oferta, ou seja, as reformas dos mercados de factores e de produtos, continuarão a desempenhar o seu papel, com uma exceção. A sua escala e o seu ritmo devem ser ajustados pela liberdade dos países de escolherem a dimensão e o âmbito do seu desenvolvimento. Não é razoável partir do princípio de que todos os países podem e devem desenvolver-se ao mesmo ritmo e à mesma escala, e que podem ou devem ser obrigados a fazê-lo. Assim, com vista a uma visão mais madura da globalização, parto do princípio de que esta mantém os seus valores fundamentais, sendo a sustentabilidade uma visão alternativa que pode beneficiar todos a longo prazo. Proponho aqui a metáfora de uma autoestrada com várias faixas e várias velocidades. Eis algumas caraterísticas essenciais para o bom funcionamento de qualquer autoestrada: As faixas de rodagem são separadas em função da velocidade e, nalguns casos, do tipo de veículo. Esta separação de velocidades permite que veículos de diferentes velocidades, caraterísticas e níveis de urgência circulem sem interferir uns com os outros. Os veículos mais rápidos podem circular quase à velocidade de foguetão. Os que são ligeiramente mais lentos ou menos urgentes podem circular na faixa mais lenta. Se se formar uma fila atrás deles, é claro que têm de voltar à faixa mais lenta para manter o fluxo de tráfego na faixa mais rápida. As vias mais lentas são atribuídas a veículos mais lentos ou a tipos de veículos ou operadores que (a) não podem e/ou não querem suportar a velocidade mais elevada. Se toda a gente seguir estas regras bastante simples, tudo corre bem. Se os sistemas não funcionarem como deveriam, cada autoestrada torna-se um local perigoso e não um local que ofereça uma circulação eficaz como símbolo de discussão sobre objectivos e consequências.

De certa forma, o desenvolvimento sustentável segue a mesma lógica: implica deslocar-se em conjunto, de acordo com as capacidades e possibilidades dos diferentes veículos ou viajantes; implica também que ninguém é obrigado a viajar ou a deslocar-se no espaço mais devagar ou mais depressa do que é capaz ou está disposto a fazê-lo num determinado momento. No modelo atual do sistema global, todos são obrigados a deslocar-se à mesma velocidade, ou pelo menos tendem a fazê-lo; globalmente, todos são obrigados a competir, o que geralmente significa que mesmo os mais lentos são obrigados a competir com os mais rápidos, o que não é de todo uma corrida, ao mesmo tempo que os mais rápidos são obrigados a competir a todo o custo com todos os outros. Por isso, não é de admirar que um tal constrangimento exerça uma enorme pressão sobre todos! Para além de um certo nível de constrangimento, os ganhos de desempenho, quando existem, transformam-se num esgotamento prejudicial para o planeta e, sobretudo, para os seres humanos. A isto acresce o facto de que aqueles que seguem as trajectórias mais rápidas nunca beneficiam de uma pausa para um desenvolvimento mais natural. Esta velocidade conduz também ao esgotamento. Ao mesmo tempo, os que seguem os caminhos mais lentos esgotam-se, tendo apenas um efeito no seu desenvolvimento quando são obrigados a seguir os mais rápidos; é como se um carro que não consegue andar se esgotasse até se avariar completamente.

De um ponto de vista económico, se os mais lentos forem empurrados para fora da autoestrada, os mais rápidos deixam de poder vender os seus produtos. Os mais rápidos são então obrigados a abrandar, mas perdem todo o seu potencial de desenvolvimento rápido, de inovação rápida e de criação de novos produtos. Isto significa que não seremos capazes de manter o nosso nível atual de desenvolvimento e de nos adaptarmos às mudanças necessárias para permitir a nossa sobrevivência económica global através da sustentabilidade, se não respeitarmos certas regras básicas de escolha e oportunidade respeitosas. Nós, seres humanos, não somos idênticos, as nossas sociedades são diferentes, tal como são diferentes as paisagens e até os meios de realizar os nossos sonhos, aquilo a que aspiramos como indivíduos e como economias. É esta diversidade que nos torna únicos e compreensíveis como uma comunidade próspera neste planeta. Devemos utilizar a atual crise da dívida como um exercício para compreender o que significa dever às pessoas o desenvolvimento para além das suas capacidades e aspirações. Os países devem desenvolver-se à medida que desenvolvem as suas capacidades produtivas, mas à sua maneira, nos seus próprios termos e com as suas próprias economias, porque os actuais limites máximos da dívida os obrigam a isso. Isto pode significar irrevogavelmente que temos de aprender a ir e a desenvolvermo-nos a um ritmo ligeiramente mais lento, e que este abrandamento não deve ser visto como um fracasso, mas como uma nova norma produtiva, descrita como sustentável.

Por último, uma palavra sobre a governação e a autorregulação do capitalismo sustentável. Os mercados não são os únicos culpados, e não é o governo ou qualquer outra regulamentação que é necessária e exclusivamente responsável pelas tensões acima descritas. Somos nós. Refiro-me a todos nós, nós enquanto indivíduos e nós enquanto comunidades, nós enquanto cidadãos e membros de grupos ou agentes económicos. Quanto mais poderosos formos, mais poderosa será qualquer mudança significativa que possamos fazer à normalização do sistema económico. Nós, pelo menos a maioria de nós, desempenhamos um papel duplo e múltiplo em cada economia e na economia global. Somos produtores e consumidores, somos investidores em activos corpóreos e financeiros, somos políticos e eleitores, interagimos todos os dias e desempenhamos os nossos papéis a muitos níveis. Como acionistas, temos expectativas em relação a nós próprios enquanto produtores. Enquanto consumidores, temos expectativas em relação a nós próprios enquanto produtores. Podemos alterar significativamente a forma como colocamos as nossas expectativas nos empresários, nas instituições financeiras, nos políticos e no planeta.

Mais ninguém nos pode salvar de nós próprios. Se todos decidirmos, com papéis e expectativas diferentes, que queremos mais qualidade e mais escolha para a liberdade e regras unificadoras de sustentabilidade, liberalização e integração, podemos consegui-lo gradualmente. Podemos fazê-lo livremente e no controlo de todo o processo, caso contrário o processo falhará por nossa causa e ser-nos-ão impostas mudanças desfavoráveis com custos inimagináveis.

3 .) O capitalismo sustentável como desenvolvimento sistémico do modelo neoliberal dominante, como alternativa a uma possível nova vaga de decisões proteccionistas e centralizadas ou a uma ecologização do modelo "business as usual".

A era neoliberal não parece ser a base para um longo século XXI, ou mesmo, como no caso do Estado regulador, meio século (Henisz, 2011). Eis alguns dos traços marcantes das crises do modelo neoliberal: as crises financeiras de meados e finais da década de 1990 na América Latina, na Ásia Oriental e na Rússia, que se aceleraram após o colapso da bolha das "dot-com", os escândalos contabilísticos da Enron, da World Com, da Parmalat e, finalmente, a eclosão da crise financeira global de 2008-2011. Quando falamos da agenda do capitalismo neoliberal, esta é geralmente caracterizada pela seguinte lógica (Block, 2007; Lindvall, 2006; Guillen, 2001): Os mercados livres de constrangimentos regulamentares são vistos como a resposta aos problemas sociais e políticos da sociedade, é preferível uma menor intervenção do Estado em qualquer situação, o funcionamento e a intervenção em conjunto podem contribuir para que mercados limitados criem novas tecnologias, empregos e indústrias, explorem as ligações entre tecnologias e países, promovam o emprego e acelerem o crescimento. Comparado com o liberalismo económico do século XIX, o neoliberalismo tem o mesmo estatuto hegemónico e é apoiado por muitos actores intermediários coercivos (Henisz, 2011). Espalhou-se pelo mundo não só porque a teoria académica estava disponível e era apoiada por influentes actores nacionais e internacionais, mas também porque, na década de 1980, os decisores políticos nacionais foram confrontados com inflação, desemprego, crises de dívida e outros erros sistemáticos, muitas vezes ligados a intervenções politicamente motivadas nos seus sistemas económicos. Henisch salienta também o facto de a ascensão da economia neoliberal ter sido uma reação à crise sistémica da economia normativa. Em particular, o padrão-ouro do pós-guerra entrou em colapso sob o peso da Guerra contra a Pobreza e da Guerra do Vietname, as flutuações das taxas de câmbio e as reacções monetárias tornaram ainda mais difícil a regulação governamental, a pressão dos preços dos fornecedores de mão de obra e de matérias-primas levou à inflação, os mercados financeiros e as empresas reagiram às novas incertezas e pressões globalizando a produção e tentando proteger-se contra os riscos nacionais, o que contribuiu para o boom do investimento nos países emergentes, para os fluxos internacionais de capitais e outros fluxos de capitais para os países emergentes e para a ascensão da economia neoliberal. Hoje, muitos acreditam que o modelo atual será substituído por um ressurgimento do sistema regulamentar protecionista da segunda metade do século passado. É fácil perceber porque é que o pêndulo histórico pode oscilar nesta direção. [thth]No início do século XX, as políticas para melhorar a eficiência do mercado de trabalho centraram-se nas taxas de emprego e, com o sucesso das intervenções estatais nas economias do pós-guerra e do Plano Marshall, e motivados pelos receios de desemprego em massa em 1930', os principais países industrializados adoptaram objectivos formalizados de pleno emprego a atingir pelos países industrializados no período pós-guerra. Nos países em desenvolvimento, o objetivo era a industrialização, que, segundo se argumentava, libertaria os países periféricos da sua dependência dos países centrais. O papel do Estado na economia de mercado deixou de ser indireto (criando as bases da atividade económica) e passou a ser direto (aplicando medidas para alcançar e manter o pleno emprego). Em vez de garantir que a mão invisível funcionasse, a política optimizava as restrições. A economia do desenvolvimento desenvolveu-se sob a orientação esclarecida de economistas que começaram por calcular o défice de investimento necessário para restaurar o crescimento convergente, depois o défice de capital humano e o défice político. O pressuposto era que os economistas bem-intencionados, guiados pela teoria, seriam capazes de alcançar o progresso melhor do que um mercado não regulado (Henisz, 2011). Neste contexto, é fácil especular sobre a razão pela qual, nesta perspetiva, o regresso a uma economia regulada é atraente para muitos, uma vez que aborda algumas das principais caraterísticas de crise do modelo atual: desigualdades no desenvolvimento, crescimento, tecnologia e riqueza, bem como a baixa utilização de factores económicos internos, incluindo o elevado desemprego. No entanto, a economia do Estado regulador não é sinónimo de capitalismo sustentável, uma vez que este modelo pode também, como aconteceu no passado, exercer uma pressão variável sobre os recursos humanos, ambientais e financeiros de todos os actores económicos, sociais e ecológicos. Da mesma forma, uma das reacções ao atual modelo neoliberal é o que eu chamaria de "greening of business as usual", que também não é uma versão sustentável do capitalismo, mas o modelo atual com alguns termos e custos verdes. Alguns autores analisaram as diferenças entre o modelo económico de base, o chamado crescimento verde e a prosperidade sustentável (Constanca et al., 2012), a fim de realçar as suas diferenças fundamentais. Em termos do princípio básico da produção económica ou da criação de valor, o modelo neoliberal mainstream centra-se em produzir mais, com um envolvimento mínimo do Estado e sem custos externos que influenciem os preços dos seus produtos e serviços, medindo o sucesso apenas em termos de valores financeiros gerados pelo mercado e enfatizando a propriedade privada. O modelo verde é uma espécie de regime de transição para o capitalismo sustentável, também conhecido como prosperidade sustentável. O crescimento verde baseia-se igualmente no princípio da produção que atribui uma elevada prioridade à redução do impacto ambiental. Não se trata de uma alteração sistémica do modelo existente e pode seduzir-nos a acreditar que pode resolver todos os nossos problemas, mas, a longo prazo, equivale, a meu ver, a uma ecologização do business as usual. Para além da utilização de critérios de sucesso financeiro, é também reconhecida a importância do capital natural e da sua valorização. Ao contrário do atual modelo económico dominante, reconhece a importância da pobreza e visa reduzi-la através de vários tipos de compromissos com os sectores verdes. No que respeita à preservação do capital natural, o modelo de crescimento verde reconhece a sua importância em qualquer modelo de valorização e afetação de recursos, bem como no processo de regulação e intervenção pública que visa a preservação desse capital. Por último, o modelo de prosperidade sustentável centra-se no princípio de "melhor para a economia, a sociedade e a natureza". Para além dos critérios de sucesso financeiro, são cada vez mais importantes os diversos indicadores de bem-estar humano ligados às dimensões ambiental e social. A luta contra a pobreza está a tornar-se um elemento importante do capitalismo sustentável, no qual o governo desempenha um papel central na promoção e divulgação de novos valores. Para além do capital natural e social, o princípio da instituição da propriedade comum está a tornar-se um meio importante para garantir o funcionamento do sistema como um todo. A questão que se coloca agora é saber como é que as escolas de gestão podem participar na criação de um modelo de capitalismo mais sustentável com base nas suas tendências, práticas e valores actuais.

4 .) A evolução da agenda das Nações Unidas para o desenvolvimento sustentável e as caraterísticas do capitalismo sustentável

O desenvolvimento sustentável não é uma questão nova para os pensadores. No século XIX, autores como Malthus começaram a escrever sobre o crescimento da população em relação à quantidade de terra disponível, ou Jevons que, no século XIX, queria garantir que a procura crescente de energia na Grã-Bretanha não seria satisfeita por reservas de carvão claramente limitadas (Pezzy e Toman, 2002). Em 1972, um grupo de autores analisou de forma mais sistemática a questão da sustentabilidade num livro intitulado Limites do Crescimento (Meadows at al., 1972). Estes autores expressaram o receio de que o crescimento, tal como o conhecemos, estivesse a atingir os seus limites. Só uma década mais tarde é que um organismo internacional elaborou e publicou um documento "oficial" sobre o desenvolvimento sustentável: a Comissão Mundial sobre Economia e Desenvolvimento, intitulado Our Common Future (WCED, 1987). Este documento estabeleceu uma nova agenda tanto para a economia do desenvolvimento como para a economia do ambiente (Pezzy e Toman, 2002). O documento manifestava a sua preocupação com os problemas ambientais globais: desflorestação, desertificação, perda de biodiversidade, aumento do efeito de estufa e impacto da pobreza no ambiente, em especial nos países em desenvolvimento. Consequentemente, muitos dos pressupostos da economia neoclássica tradicional do crescimento foram postos em causa e a relevância social do princípio da sustentabilidade foi realçada (Pezz e Toman, 2002). De acordo com a Comissão Brundland (CME, 1987), o desenvolvimento sustentável satisfaz as necessidades do presente sem comprometer a capacidade das gerações futuras de satisfazerem as suas próprias necessidades. Inclui a dimensão sustentável dos aspectos sociais, económicos e ambientais (Kiron at al, 2012) ou a dimensão das pessoas, do planeta e do lucro (Ten Bos e Bevan, 2011). A Comissão Bruntland vai mais longe ao afirmar que a satisfação das necessidades básicas exige não só uma nova era de crescimento económico para os países onde os pobres são a maioria, mas também a garantia de que os pobres recebem a sua parte justa dos recursos necessários para sustentar esse crescimento. Esta igualdade é facilitada por um sistema político que garanta a participação efectiva dos cidadãos na tomada de decisões e uma maior democracia na tomada de decisões a nível internacional (WCED, 1987). Em 1983, a Comissão Mundial sobre o Ambiente e o Desenvolvimento foi criada com o objetivo de propor estratégias ambientais a longo prazo para alcançar um desenvolvimento sustentável até ao ano 2000. A Comissão centrou-se em várias questões relacionadas com a futura via do desenvolvimento sustentável. O seu objetivo era reforçar a cooperação entre os países em desenvolvimento e os países com diferentes níveis de desenvolvimento económico e social, a fim de alcançar objectivos comuns e de apoio mútuo que tenham em conta a interdependência entre as pessoas, os recursos, o ambiente e o desenvolvimento. [4]Recorri a vários documentos fundamentais das Nações Unidas sobre o desenvolvimento sustentável para apresentar a sua abordagem sistémica da sustentabilidade e descrevê-los como as caraterísticas de um capitalismo sustentável emergente. Dada a precisão e a inventividade recorrente destes documentos e das ideias desenvolvidas em relação à economia sustentável e aos modelos empresariais, tentei utilizar o texto literal e fazer apenas intervenções ocasionais, complementando-as com estatísticas adicionais que analisei sobre diferentes tópicos. O principal objetivo desta abordagem é realçar uma caraterística essencial do capitalismo sustentável, que consiste em ignorar a realidade da interdependência dos aspectos sociais, ambientais e económicos do desenvolvimento.

Caracterização 1: O capitalismo sustentável como uma realidade de interdependência

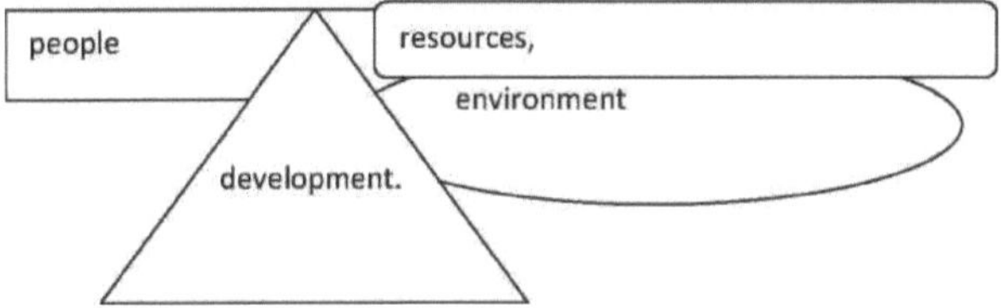

A chamada inovação civilizacional introduzida pelas Nações Unidas aquando da definição do programa de desenvolvimento sustentável no seu primeiro grupo de trabalho consistiu em descrever as questões ambientais como direitos universais, ao mesmo tempo que as questões de desenvolvimento. Não apenas como um potencial, mas como um caminho económico ligado aos direitos universais do desenvolvimento sustentável. Neste contexto, considero fundamental o facto de as Nações Unidas terem, há quase quatro décadas, contactado os "grupos de cidadãos", as organizações não governamentais, as instituições de ensino e a comunidade científica, apelando a todos eles para que criassem uma dinâmica de consciencialização pública e de mudança política a favor de uma agenda global de adequação. Ambas as realidades, a escala e a abordagem da agenda de desenvolvimento sustentável, continuam a ser relevantes e

---

[4] Comissão Mundial para o Ambiente e o Desenvolvimento WCED (1987) O Nosso Futuro Comum, Cimeira da Terra-Agenda 21, Nações Unidas, 1992; O Futuro que Queremos - Resolução das Nações Unidas adoptada pela Assembleia Geral em 27 de julho de 2012; Relatórios Globais sobre o Desenvolvimento Sustentável 2014, 2015 e 2016, Nações Unidas; Transformar o Nosso Mundo: a Agenda 2030 para o Desenvolvimento Sustentável, Nações Unidas, 2015.

urgentes e inacabadas. Vejo também nesta recomendação um mandato e uma missão potencial para as escolas de gestão se tornarem um ator-chave na promoção e defesa do capitalismo sustentável e contribuírem para o seu desenvolvimento, oferecendo módulos de formação aos actores do capitalismo sustentável global como parte da sua missão educativa. É importante sublinhar que a agenda do desenvolvimento sustentável não pode ser definida e prescrita apenas para aqueles que podem "pagar" por ela. No início da campanha global para o desenvolvimento sustentável, as Nações Unidas deixaram claro que o desenvolvimento económico e social de todos os países, desenvolvidos ou em desenvolvimento, orientados para o mercado ou planeados centralmente, deve ser definido em termos de sustentabilidade. Embora, ao utilizar a expressão "capitalismo sustentável", eu esteja apenas a descrever o sistema económico global dominante, é evidente que as caraterísticas da sustentabilidade devem ser as mesmas em todos os sistemas socioeconómicos. A sustentabilidade definida desta forma sistémica implica necessariamente uma transformação gradual da economia e da sociedade. A sustentabilidade física, tal como definida nos documentos da ONU, só pode ser alcançada se as políticas de desenvolvimento tiverem em conta aspectos como as alterações no acesso aos recursos e a distribuição dos custos e benefícios de um modelo económico ou empresarial entre todos. Mesmo o conceito restrito de sustentabilidade física implica uma preocupação com a equidade social entre gerações, que deve logicamente ser alargada à equidade dentro de cada geração. Isto significa que a ecologização do sistema socioeconómico existente não ajudará. Por conseguinte, o capitalismo sustentável, integrado no desenvolvimento sustentável, só é possível através de uma transformação gradual de todo o sistema, reavaliando a importância do capital social e natural para além da criação de valor e do valor acumulado do capital financeiro.

Goals of economic and social development must be defined in terms of sustainability in all countries - developed or developing, market-oriented or centrally planned

Physical sustainability cannot be secured unless development policies pay attention to such considerations as changes in access to resources and in the distribution of costs and benefits to all

A world in which poverty and inequity are endemic will always be prone to ecological and other crises

Sustainable development requires meeting the basic needs of all and extending to all the opportunity to satisfy their aspirations for a better life

<u>Caraterística 2: O capitalismo sustentável está a transformar gradualmente a economia e a sociedade</u>

Um dos princípios fundamentais do capitalismo sustentável emergente é o facto de a desigualdade estar sempre ligada a uma crise ecológica e vice-versa. O capitalismo sustentável continua, portanto, a sua missão e até a intensifica para combater a pobreza em todas as suas formas e enfrentar os problemas sistémicos existentes de todos aqueles que foram excluídos ou deixados para trás. Três décadas após a publicação dos primeiros documentos sobre o desenvolvimento sustentável, as Nações Unidas apresentaram um novo documento, a Agenda para o Desenvolvimento Sustentável, que proclama esta missão global do desenvolvimento sustentável nos seguintes termos: um plano de ação para as pessoas, o planeta e a prosperidade, o reforço da paz universal, a erradicação da pobreza em todas as suas formas através de medidas de transformação para um desenvolvimento sustentável e resiliente que não deixe ninguém para trás. A visão de um mundo livre da fome, da pobreza, da doença, do medo e da violência, com alfabetização universal, acesso universal e igualitário à educação, à saúde e à proteção social, direito à água potável, melhor higiene e saneamento, habitats seguros e acesso universal a uma energia acessível, fiável e sustentável.

<u>Caraterística 3: O capitalismo sustentável reduz o fosso crescente entre ricos e pobres</u>

As Nações Unidas alertaram para o fosso crescente entre ricos e pobres há quase quatro décadas, mas, mais importante ainda, a ONU considera que esta desigualdade é o maior "problema ambiental" do planeta, que é também o seu maior desafio de desenvolvimento. Um mundo onde a pobreza é endémica, sublinha a ONU, será sempre vulnerável a catástrofes ambientais e outras. Os países pobres são obrigados a explorar a sua base ecológica para exportar recursos, muitas vezes para pagar dívidas exorbitantes. O ambiente está a deteriorar-se rapidamente em todos os aspectos (incluindo a desertificação, a destruição das florestas, a acidificação dos solos, o aquecimento global, o efeito de estufa, a deslocação das zonas de cultivo agrícola, a subida do nível do mar e as inundações das cidades costeiras, a destruição do escudo de ozono, a presença de substâncias tóxicas na cadeia alimentar e nas águas subterrâneas), pelo que a necessidade de um capitalismo sustentável é impulsionada pela consciência crescente de que o desenvolvimento económico não pode ser separado dos problemas ambientais. O aumento da pobreza e do desemprego aumentou a pressão sobre os recursos ambientais e, lamentavelmente, muitos governos com dificuldades financeiras reduziram os seus esforços para proteger o ambiente ao não integrarem as preocupações ambientais no planeamento do desenvolvimento. A este respeito, os pobres encontram-se numa posição particularmente difícil, uma vez que são os que mais necessitam de acções ambientais, mas os que menos meios têm para financiar essas actividades, em especial numa base permanente. O problema do mau comportamento resultante da separação entre desenvolvimento e proteção do ambiente é uma consequência da compartimentação artificial das actividades humanas. O problema da compartimentação artificial das actividades humanas (separação entre o ambiente, a economia e o social) existe tanto nos Estados como nos sectores dos países desenvolvidos e em desenvolvimento. Por esta razão, foram tomadas poucas medidas sistemáticas no domínio do desenvolvimento sustentável. Este fracasso está ligado, a nível global, a todas as medidas que tentam localizar e "resolver" os problemas de sustentabilidade a nível nacional ou setorial; por definição, o capitalismo sustentável não pode ser localizado. É notável que o aumento dramático da interdependência económica entre países durante a globalização económica tenha sido seguido por uma aceleração da interdependência ecológica entre nações. A destruição da natureza não pode ser localizada. O crescimento demográfico e o desenvolvimento industrial estão a exercer pressão sobre os recursos naturais, sobretudo sobre as populações mais pobres. A destruição da natureza e o desenvolvimento das populações mais pobres foram identificados pela ONU como um dos factores que conduzirão a uma migração crescente e descontrolada dos mais pobres para os países mais desenvolvidos (o que já era evidente há algumas décadas).

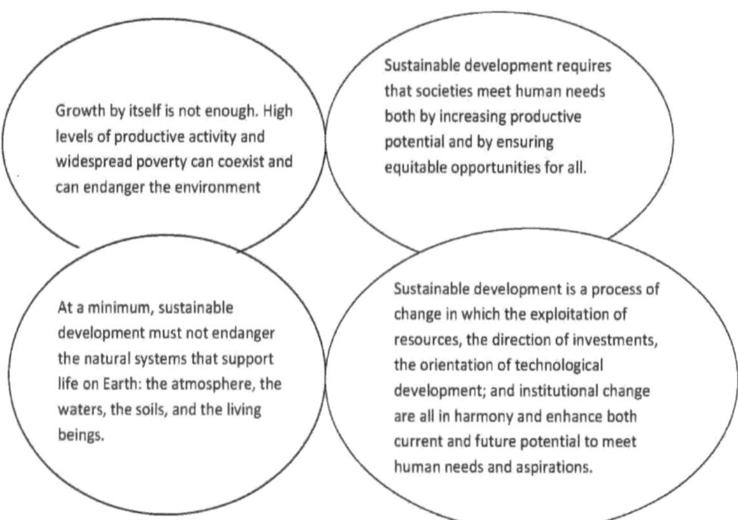

<u>Caraterística 4: O capitalismo sustentável representa um desafio à crise ambiental global, combatendo a pobreza e a desigualdade e eliminando o esgotamento dos recursos naturais.</u>

Como já referimos, a agenda das Nações Unidas para o desenvolvimento sustentável estabelece o princípio de que um mundo em que a pobreza e a desigualdade são endémicas será sempre vulnerável a crises ambientais e outras. O desenvolvimento sustentável consiste em combater a pobreza e a desigualdade, satisfazer as necessidades básicas de todos os seres humanos e permitir que todos realizem as suas aspirações a uma vida melhor. Neste sentido, não se trata apenas de redistribuição, mas de uma missão e visão global mais alargada do capitalismo sustentável. Há algumas décadas, houve também um movimento centrado nos princípios e práticas da produção e do consumo sustentáveis. Um nível de vida que ultrapasse um mínimo básico só é sustentável se os padrões de consumo tiverem sistematicamente em conta a sustentabilidade a longo prazo. O Programa das Nações Unidas para o Desenvolvimento Sustentável afirma que as necessidades sentidas pela humanidade, pelos grupos e pelos indivíduos são social e culturalmente determinadas. Para compreender este facto e promover um capitalismo sustentável, é necessário promover valores que incentivem padrões de consumo que se situem dentro dos limites do que é ecologicamente possível e que possa ser razoavelmente procurado por todos. Na prossecução da sua missão em matéria de sustentabilidade, a ONU argumenta, com razão, que a satisfação das necessidades básicas depende, em parte, da plena realização do potencial de crescimento e que o desenvolvimento sustentável exige certamente o crescimento económico se essas necessidades não forem satisfeitas. No entanto, o crescimento por si só não é suficiente. Um elevado nível de atividade produtiva e uma pobreza generalizada podem coexistir e ameaçar o ambiente. Por conseguinte, o capitalismo sustentável exige que a sociedade satisfaça as necessidades humanas, aumentando a capacidade produtiva e garantindo a igualdade de oportunidades para todos. Atualmente, apesar de uma enorme quantidade de retórica otimista, não é isso que acontece. Ao mesmo tempo, o capitalismo sustentável só é possível se as alterações demográficas forem acompanhadas por alterações na capacidade produtiva do ecossistema. A ONU reconheceu que a pobreza, a degradação ambiental e o crescimento demográfico estão indissociavelmente ligados e que nenhum destes problemas fundamentais pode ser resolvido com êxito isoladamente. De um modo geral, os recursos renováveis, como as florestas e os recursos haliêuticos, não devem ser esgotados se a taxa de exploração se mantiver dentro dos limites da regeneração e do crescimento natural. Trata-se de uma resposta à crítica segundo a qual o capitalismo sustentável se limita a limitar e a conservar os recursos naturais, sem ter em conta o desenvolvimento e a sobrevivência humanos. Os problemas são claramente devidos à sobre-exploração dos recursos humanos e naturais. O capitalismo sustentável abandona a exploração do capital humano e natural em termos de volume e de escala e passa para uma escala mais natural da sua regeneração. Os recursos renováveis fazem parte de um ecossistema complexo e interligado, e a maximização dos rendimentos sustentáveis deve ser determinada tendo em conta os efeitos da exploração em todo o sistema.

<u>Caraterística 5: O capitalismo sustentável e inclusivo combate todas as formas de
desigualdade</u>

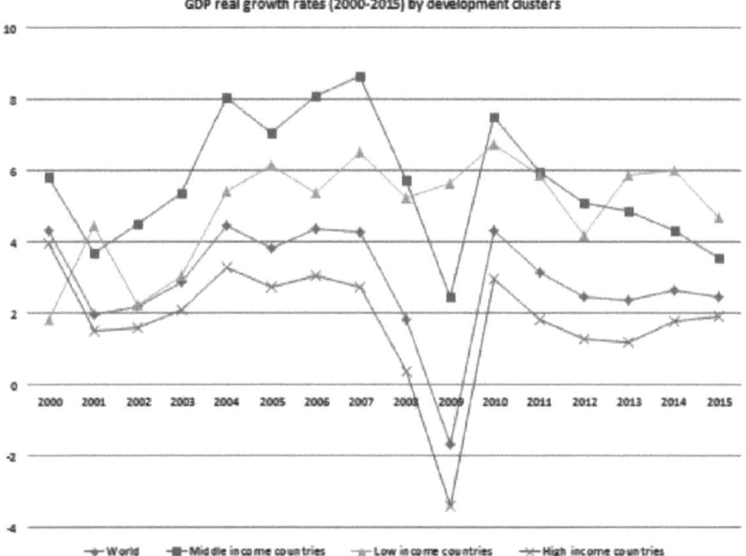

Fonte: Cálculos do autor com base na base de dados do Banco Mundial

A figura 1 mostra que, após a grande crise financeira de 2008 e a recessão global de
2009, o crescimento global tornou-se, em grande medida, uma continuação do
crescimento global apenas nos países desenvolvidos. Desde a crise financeira mundial,
o mundo afastou-se em grande medida dos países menos desenvolvidos, tanto dos
países menos desenvolvidos como dos países de rendimento médio, o que, em
conjunto, diminuiu as perspectivas de crescimento mundial. Só os países mais
desenvolvidos continuam a mostrar potencial de crescimento, o que constitui um
argumento importante para afirmar que, mantendo-se tudo o resto igual, só se pode
esperar que um maior crescimento global aumente o nível da produção económica
mundial, em vez de reduzir as desigualdades económicas, sociais e ambientais
existentes. Mais uma vez, os países menos desenvolvidos e menos avançados serão
forçados a sobre-explorar os seus recursos humanos e naturais. Desde o seu primeiro
relatório, em meados da década de 1980, as Nações Unidas têm vindo a sublinhar que
muitos problemas resultam da desigualdade de acesso aos recursos. A propriedade
desigual da terra pode levar à exploração excessiva dos recursos em áreas muito
pequenas, com repercussões negativas tanto para o ambiente como para o
desenvolvimento. A nível internacional, o controlo monopolista dos recursos pode

encorajar aqueles que não têm interesse neles a explorar excessivamente os recursos marginalizados. As diferentes oportunidades de os operadores obterem benefícios "gratuitos" - a nível local, nacional e internacional - são outra manifestação da desigualdade de acesso aos recursos. Entre os "perdedores" dos conflitos entre ambiente e desenvolvimento encontram-se aqueles que sofrem mais do que a sua quota-parte na poluição que prejudica a saúde, a propriedade e o ecossistema. Neste sentido, a desigualdade e a equidade estão ligadas ao acesso sistémico e ao fracasso sistémico de um acesso mais equitativo aos recursos. À medida que o sistema se aproxima dos limites ecológicos, a desigualdade agrava-se. Para ilustrar este ponto, eis alguns exemplos. Quando o estado das bacias hidrográficas se deteriora, os agricultores pobres sofrem mais, porque não têm meios para tomar as mesmas medidas de combate à erosão que os agricultores mais ricos. Quando a qualidade do ar se deteriora nas cidades, os pobres, que vivem em bairros mais vulneráveis, sofrem mais do que os ricos, que tendem a viver em bairros mais limpos. Quando as jazidas minerais se esgotam, aqueles que se envolveram no processo de industrialização demasiado tarde perdem os benefícios de fornecimentos baratos. O nosso fracasso em fazer avançar os interesses comuns do desenvolvimento sustentável é, portanto, muitas vezes o resultado de uma relativa negligência da equidade económica e social dentro dos países e entre eles. É por isso que a noção de equidade social e ambiental está a tornar-se uma caraterística fundamental do capitalismo sustentável emergente.

<u>Caraterística 6: O capitalismo sustentável, enquanto realidade inclusiva, alarga sistematicamente as oportunidades de desenvolvimento económico, social e ambiental a todos os que ficam para trás, tanto nos países desenvolvidos como nos países em desenvolvimento.</u>

Quase três décadas após o relatório "O Nosso Mundo Comum", as Nações Unidas, no âmbito do acompanhamento dos seus objectivos de desenvolvimento sustentável, ditos globais, alargaram este elemento de desigualdade, falando agora de desenvolvimento sustentável inclusivo, por oposição ao desenvolvimento sustentável exclusivo que deixa muitas pessoas para trás. Este novo conceito de inclusão (social, económica, política e cultural) está ligado ao princípio da não discriminação. Implica a necessidade de incluir todas as pessoas nos processos sociais e exprime a ideia de que as pessoas devem não só poder florescer, mas também ter voz e oportunidades efectivas. O conceito de igualdade está tradicionalmente associado à igualdade de resultados e à igualdade de oportunidades. A desigualdade de oportunidades refere-se a casos em que diferentes pessoas ou partes da sociedade não têm as mesmas oportunidades de participar e prosperar. Esta situação pode resultar de barreiras explícitas e implícitas para determinados grupos da população, como a discriminação através de leis, costumes e práticas que limitam o acesso a oportunidades para determinados grupos da sociedade. A igualdade também pode ser vista num sentido político e está ligada ao empoderamento. Neste sentido, a igualdade significa que diferentes pessoas e diferentes sectores da sociedade têm uma palavra a dizer e oportunidades iguais nas instituições políticas e sociais e têm um maior controlo sobre as suas vidas. As Nações Unidas citam as seguintes medidas internacionais para promover a igualdade e a inclusão: medidas relacionadas com a ajuda pública ao desenvolvimento e outros recursos financeiros; compromissos para aumentar ou apoiar o investimento em sectores específicos, com enfoque nos países em desenvolvimento: por exemplo, agricultura, produtos farmacêuticos e infra-estruturas; cooperação internacional e assistência técnica; medidas relacionadas com o comércio; promoção do Estado de direito a nível internacional; reforço da cooperação e acesso à ciência, tecnologia e inovação. Por outro lado, as políticas nacionais de equidade e inclusão visam garantir o acesso universal e equitativo aos serviços básicos, assegurar o acesso à alimentação para todos e acabar com a subnutrição, alcançar e manter um crescimento do rendimento acima da média nacional para os 40% mais pobres da população, duplicar a produtividade agrícola dos pequenos produtores de alimentos, criar sistemas e políticas de proteção social e reforçar a resiliência dos pobres e vulneráveis, a fim de garantir o seu acesso aos serviços básicos. As políticas para eliminar a discriminação visam reforçar e promover a inclusão social, económica e política de todos, acabar com todas as formas de discriminação contra as mulheres e as raparigas, eliminar a violência contra as mulheres e as raparigas, acabar com o abuso, a exploração, o tráfico de seres humanos e todas as formas de violência e tortura contra as crianças, reconhecer o trabalho de assistência não remunerado e o trabalho doméstico, garantir a igualdade de acesso ao ensino técnico, profissional e superior e assegurar a igualdade de remuneração por trabalho de igual valor, eliminando a discriminação contra as mulheres e as raparigas, acabar com a violência contra as mulheres e as raparigas e assegurar a igualdade de remuneração por trabalho de igual valor. Empoderamento e reforço das capacidades: assegurar o ensino primário e secundário geral, a alfabetização e a numeracia; assegurar a participação plena e efectiva das mulheres e a igualdade de acesso aos cargos de decisão a todos os níveis da vida política, económica e pública; assegurar um processo de tomada de decisão reativo, inclusivo, participativo e representativo; assegurar o acesso universal à saúde e aos direitos sexuais e reprodutivos; assegurar o emprego pleno e produtivo e o trabalho digno; assegurar a igualdade de acesso à saúde e aos direitos reprodutivos.

Responsabilidade no seio do agregado familiar e da família; planeamento e gestão conjunta dos recursos; acesso público à informação.

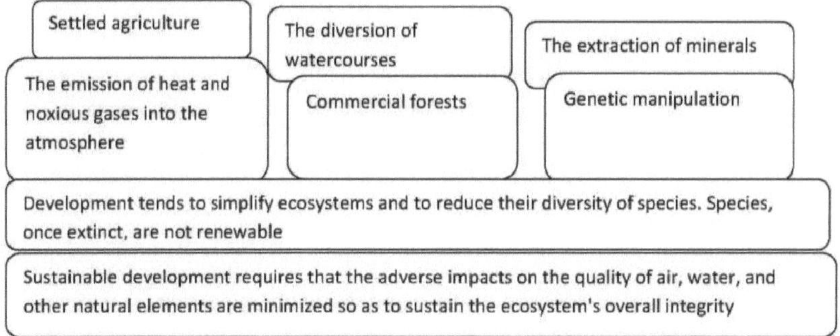

<u>Caraterística 7: O capitalismo sustentável não deve pôr em perigo os sistemas naturais que sustentam a vida na Terra: a atmosfera, a água, o solo e os organismos vivos.</u>

A agricultura sedentária, o desvio de cursos de água, a exploração mineira, a libertação de calor e de gases nocivos para a atmosfera, as florestas comerciais e a manipulação genética são exemplos de intervenção humana nos sistemas naturais no decurso do desenvolvimento. O capitalismo sustentável não deve, pelo menos, pôr em perigo os sistemas naturais que sustentam a vida na Terra: a atmosfera, a água, o solo e os seres vivos. No caso dos minerais e dos combustíveis fósseis, a taxa de esgotamento e a ênfase na reciclagem e na utilização parcimoniosa devem ser calibradas de modo a que o recurso não se esgote antes de estarem disponíveis substitutos aceitáveis. O capitalismo sustentável parte do princípio de que a taxa de esgotamento dos recursos não renováveis exclui o menor número possível de opções para o futuro. O desenvolvimento tende a simplificar os ecossistemas e a reduzir a sua biodiversidade. E as espécies que desapareceram não podem ser recuperadas. A perda de espécies vegetais e animais pode limitar gravemente as possibilidades das gerações futuras, razão pela qual o capitalismo sustentável exige a preservação das espécies vegetais e animais. Os chamados bens livres, como o ar e a água, são também recursos. As matérias-primas e a energia utilizadas nos processos de produção são apenas parcialmente transformadas em produtos úteis. O resto transforma-se em resíduos. O capitalismo sustentável exige que os efeitos negativos sobre a qualidade do ar, da água e de outros elementos naturais sejam reduzidos ao mínimo, a fim de preservar a integridade do ecossistema. Na sua essência, o capitalismo sustentável é um processo de mudança em que a exploração dos recursos, a direção do investimento, a orientação do desenvolvimento tecnológico e a mudança institucional estão em harmonia e reforçam o potencial presente e futuro de satisfação das necessidades e aspirações humanas.

Caraterística 8: O capitalismo sustentável aborda simultaneamente as questões inter-relacionadas do crescimento demográfico, da segurança alimentar, da urbanização, da energia e da resiliência dos ecossistemas a nível local, nacional, regional e global.

Como salienta a ONU, o maior desafio para o desenvolvimento global é satisfazer as necessidades e as esperanças da população crescente dos países em desenvolvimento. A mais fundamental de todas as necessidades é a dos meios de subsistência, ou seja, o emprego. O ritmo e a estrutura do desenvolvimento económico devem criar oportunidades de emprego sustentáveis a uma escala e a um nível de produtividade que permitam às famílias pobres satisfazer padrões mínimos de consumo. A produção alimentar é outra prioridade, mas o aumento da produção alimentar não deve basear-se em políticas de produção prejudiciais para o ambiente e não deve comprometer as perspectivas de segurança alimentar a longo prazo. É mais fácil alcançar o desenvolvimento sustentável estabilizando a população a um nível compatível com o potencial produtivo do ecossistema. Este desafio foi posto em evidência há três décadas pelo fenómeno do crescimento demográfico nos países que enfrentam a pobreza e a fome e pela questão de saber como reduzir rapidamente as taxas de crescimento demográfico, nomeadamente em regiões como a África, onde essas taxas estão a aumentar. Os países em desenvolvimento devem, por conseguinte, promover medidas diretas de redução da fecundidade, a fim de evitar exceder radicalmente a capacidade de produção necessária para manter as suas populações. As Nações Unidas sublinham que a melhoria do acesso ao planeamento familiar é, em si mesma, uma forma de desenvolvimento social que permite aos casais, e às mulheres em particular, exercerem o seu direito à autodeterminação. Outra questão relacionada é a das cidades em rápido crescimento e afectadas pela pobreza. As cidades dos países em desenvolvimento estão a crescer muito mais rapidamente do que as autoridades são capazes de gerir esse crescimento. Há uma falta generalizada de habitação, água, saneamento e transportes públicos. Uma proporção crescente de habitantes das cidades vive em bairros de lata e favelas, muitos dos quais estão expostos à poluição do ar e da água, bem como a riscos industriais e naturais. O capitalismo sustentável, por outro lado, deve estar associado ao desenvolvimento de pequenos centros urbanos que reduzam os incómodos acima referidos nas grandes cidades. Para fazer face à crise emergente nas cidades, é necessário incentivar a construção de habitações e de serviços urbanos por e para os pobres, e adotar uma abordagem mais positiva do papel do sector informal, prevendo simultaneamente recursos suficientes para o abastecimento de água, o saneamento e outros serviços. Os recursos naturais do planeta devem ser preservados e melhorados para satisfazer as necessidades de uma forma sustentável. São necessárias mudanças políticas importantes para fazer face aos actuais níveis elevados de consumo nos países desenvolvidos e ao consumo necessário para satisfazer as normas mínimas nos países em desenvolvimento, tendo em conta o crescimento demográfico previsto. A utilização das terras na agricultura e na silvicultura deve basear-se numa avaliação científica do potencial dos solos, e o esgotamento anual do solo superficial, das reservas de peixe ou dos recursos florestais não deve exceder a sua taxa de recuperação. Os aumentos de produtividade irreflectidos e a curto prazo podem conduzir a várias formas de poluição, como a perda de diversidade genética nas culturas, a salinização e alcalinização das terras irrigadas, a contaminação das águas subterrâneas por nitratos e os resíduos de pesticidas nos alimentos. Existem alternativas mais respeitadoras do ambiente. Os futuros ganhos de produtividade, tanto nos países desenvolvidos como nos países em desenvolvimento, devem basear-se numa utilização mais controlada da água e dos produtos agroquímicos, bem como numa maior utilização de fertilizantes orgânicos e no controlo não químico das pragas. Por último, os limites finais do desenvolvimento global serão provavelmente determinados pela disponibilidade de recursos energéticos e pela capacidade da biosfera para absorver os subprodutos da utilização de energia. Estes limites energéticos poderão ser atingidos muito mais cedo do que os limites impostos por outros recursos materiais. Em primeiro lugar, há os problemas de aprovisionamento: o esgotamento das reservas de petróleo, os custos elevados e as consequências ambientais da extração do carvão e os perigos da tecnologia nuclear. Em segundo lugar, há os problemas das emissões: principalmente a poluição ácida e a acumulação de dióxido de carbono que conduz ao aquecimento global. Os países industrializados têm de reconhecer que o seu consumo de energia está a poluir a biosfera e a esgotar as escassas reservas de combustíveis fósseis. As recentes melhorias na eficiência energética e a mudança para indústrias menos intensivas em energia ajudaram a limitar o consumo, mas este processo deve ser acelerado para reduzir o consumo per capita e incentivar a transição para fontes e tecnologias mais limpas. A prevenção e a redução da poluição do ar e da água continuarão a ser o principal desafio na proteção dos recursos. A qualidade do ar e da água é afetada por actividades como a utilização de fertilizantes e pesticidas, as águas residuais municipais, a queima de combustíveis fósseis, a utilização de determinados produtos químicos e várias outras actividades industriais. É de esperar que cada um destes factores aumente significativamente a carga poluente na biosfera, especialmente nos países em desenvolvimento. A limpeza da poluição é uma atividade dispendiosa. É por isso que todos os países precisam de antecipar e prevenir estes problemas de poluição, por exemplo, estabelecendo normas de emissão que reflictam os efeitos prováveis a longo prazo, incentivando tecnologias que produzam poucos resíduos e antecipando o impacto de novos produtos, tecnologias e resíduos.

<u>Caraterística 9: O capitalismo sustentável é a criação de tecnologias e a difusão de inovações a nível nacional e internacional.</u>

O gráfico abaixo ilustra uma das causas, se não a principal, do aumento do fosso de crescimento e desenvolvimento entre países desenvolvidos e países em desenvolvimento, que agrava a insustentabilidade da atual forma de capitalismo. Esta causa é a criação e a capitalização de novas tecnologias, que ocorrem quase exclusivamente no mundo desenvolvido.

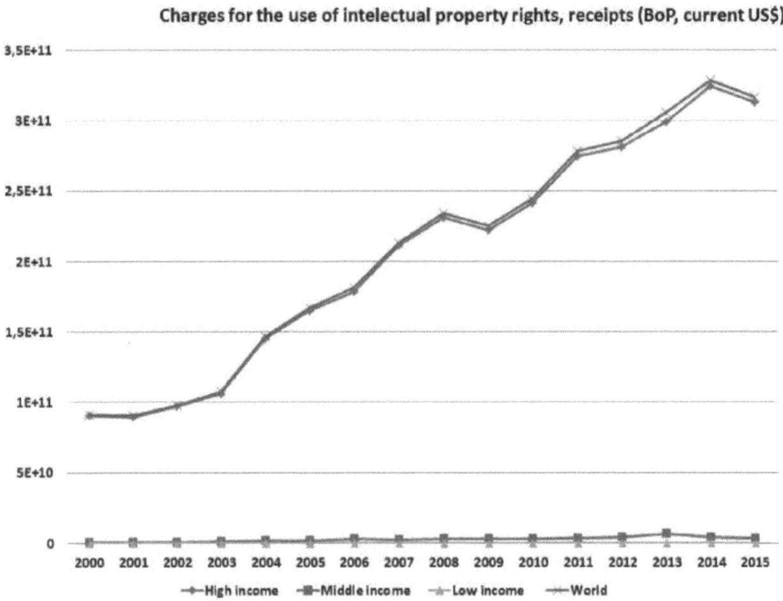

Fonte: Cálculos do autor com base na base de dados do Banco Mundial

A maioria das tecnologias desenvolvidas está interligada e as receitas que geram são a fonte de crescimento dos países desenvolvidos com rendimentos elevados. Este fosso está a aumentar com o tempo. O fosso tecnológico na parte do mundo em desenvolvimento é um problema sistémico da forma moderna de capitalismo, tal como demonstrado pelo fracasso do pressuposto de que a difusão e a criação de tecnologia e, por conseguinte, a produtividade e a inovação, se propagarão dos países mais desenvolvidos para os menos desenvolvidos. O desenvolvimento socioeconómico é inseparável da mudança tecnológica, porque a tecnologia, a sociedade e as instituições evoluem em conjunto. A evolução tecnológica pode ser tanto uma fonte de conflito como um instrumento de integração social e de cooperação reforçada. As Nações

Unidas citam o exemplo das TIC, que fizeram enormes progressos a este respeito, por exemplo, nos domínios da saúde, da educação, dos transportes e das comunicações, mas que também levantaram questões de segurança e de proteção de dados. Todas as tecnologias consomem recursos, utilizam o solo e poluem o ar, a água e a atmosfera em diferentes graus. Embora as melhorias na eficiência ambiental da utilização das tecnologias tenham reduzido o consumo de recursos e a poluição por unidade de produção a longo prazo, a quantidade absoluta de consumo de recursos e de poluição por unidade de produção aumentou.

e a poluição continuam a aumentar de forma insustentável. Perante este cenário, os governos há muito que apelam a uma ação concertada para acelerar a mudança global para tecnologias mais sustentáveis. Muitos optimistas tecnológicos acreditam que essa aceleração é necessária e descrevem-na como um imperativo de inovação tecnológica. Os principais objectivos globais das Nações Unidas para as tecnologias sustentáveis até 2030 são: melhorar progressivamente a eficiência global do consumo e da produção de recursos e dissociar o crescimento económico da degradação ambiental; alcançar níveis mais elevados de produtividade económica através da diversificação, da melhoria tecnológica e da inovação; e modernizar as infra-estruturas e reequipar a indústria para a tornar mais sustentável e eficiente. A ONU propõe o reforço dos sistemas nacionais de inovação, nomeadamente nos países em desenvolvimento. Os sistemas nacionais de inovação compreendem uma multiplicidade de instituições e de acções conjuntas de financiadores, legisladores, empresários, controlos institucionais e investigadores que desenvolvem novas tecnologias. A utilização de inovações institucionais e as mudanças no comportamento dos consumidores podem ser tão importantes como os avanços tecnológicos. Esta abordagem tem em conta a interdependência entre as diferentes tecnologias e as diferentes fases do ciclo de vida das tecnologias. Isto significa investir tanto em sistemas tecnológicos novos como antigos, em componentes na fronteira tecnológica e em componentes que facilitam o acesso geral à tecnologia, bem como em ideias e inovações exploratórias e mesmo "loucas". A experiência demonstrou que dar prioridade a uma em detrimento da outra não conduz a um funcionamento eficaz do sistema. O aperfeiçoamento gradual das tecnologias e das instituições é tão necessário como as "explosões de destruição criativa" radicais de Schumpeter das actividades humanas intensivas em materiais e emissões. Mesmo que as novas soluções radicais sejam bem sucedidas, são necessárias melhorias progressivas após o primeiro lançamento no mercado. Muitas tecnologias já existem, mas a sua adoção e difusão nos países em desenvolvimento é atrasada por uma multiplicidade de obstáculos técnicos, económicos, institucionais, jurídicos e comportamentais. Estes incluem problemas relacionados com os direitos de propriedade intelectual, a capacidade do sector privado, a inadequação das necessidades, os direitos aduaneiros comerciais e o acesso limitado a informações, conhecimentos e capitais fiáveis. A este respeito, o capitalismo sustentável exige uma política tecno-económica coerente e abrangente. No capitalismo sustentável, as externalidades devem ser internalizadas, fazendo com que as pessoas paguem pela poluição e pelas emissões. A transição para a internalização total dos factores externos levará muito tempo. Por conseguinte, no capitalismo sustentável, as competências em matéria de ciência, tecnologia e inovação (CTI) devem ser melhoradas em todos os países, a fim de criar sociedades inovadoras baseadas no conhecimento que utilizem o conhecimento científico como base das suas políticas. Para tal, é necessário um forte investimento em capital humano, incluindo a educação a todos os níveis, em investigação e desenvolvimento de base e aplicada e em infra-estruturas. Exige também políticas públicas fortes que incentivem a inovação da base para o topo por parte dos empresários das empresas privadas e das universidades. É necessário facilitar a experimentação de novas tecnologias relacionadas com os ODS em comunidades específicas, realizar um acompanhamento social e científico, retirar lições para que futuras experiências possam ser realizadas tanto em pequena escala como em vários locais no âmbito de projectos de maior dimensão e criar confiança junto das populações para garantir que os políticos e os empresários não abusam da situação. O capitalismo sustentável exige também um pensamento sistémico e tecnologias de economia circular. Uma economia circular é aquela em que os sistemas industriais são deliberadamente concebidos para serem regenerativos e restauradores. A criação de uma economia circular exige os esforços conjuntos da ciência, do sector privado, do sector público e da sociedade civil. São necessários modelos de produção mais sustentáveis e inovação do sector privado. Os países devem explorar os seus próprios meios para diversificar as suas economias, identificando vias tecnológicas promissoras e novas indústrias. Os estudos empíricos mostram que o desenvolvimento é acompanhado por uma deslocação da mão de obra de actividades de baixa produtividade para actividades de alta produtividade e salários elevados. As mudanças na composição do sistema económico que ocorrem durante este processo conduzem a um aumento da diversidade e da complexidade das actividades económicas. O aumento da complexidade é acompanhado de um aumento do PIB e do crescimento, bem como de uma redução das desigualdades. Este processo é, em última análise, o resultado da inovação, razão pela qual a inovação é um dos pilares centrais do capitalismo sustentável. A ação promissora em todos estes domínios políticos consiste em utilizar dados empíricos sobre a produção, as exportações e a inovação para identificar vias tecnológicas específicas que orientem a transição para um capitalismo sustentável. Os desenvolvimentos tecnológicos promissores e as novas indústrias podem ser identificados através da utilização de bases de dados de patentes, da comparação dos primeiros intervenientes com base nas suas vantagens comparativas e/ou da utilização de indicadores de "espaço do produto" e de complexidade do produto.

Há vários nichos tecnológicos que desempenharão um papel importante no desenvolvimento do capitalismo sustentável:[5]

1 ...) <u>biotecnologia</u>, incluindo a biotecnologia, a genómica e a proteómica; tecnologias de edição de genes e sequências de ADN personalizadas; organismos geneticamente modificados (OGM); células estaminais e engenharia humana; biocatálise; biologia sintética; tecnologias para uma agricultura sustentável.

2 .) <u>tecnologias digitais</u>, incluindo: Tecnologias de grandes volumes de dados, Internet das coisas, telemóveis 5G, impressão e fabrico em 3D, plataformas de computação em nuvem, tecnologias de dados abertos, código-fonte livre e aberto, cursos em linha abertos e maciços, microssimulação, distribuição eletrónica, sistemas de integração de dados de rádio, móveis, por satélite, SIG e teledeteção, tecnologias de partilha de dados, incluindo as que apoiam a ciência dos cidadãos, tecnologias de redes sociais, aplicações móveis que apoiam o papel dos cidadãos.

3 .) <u>Nanotecnologias</u>, incluindo: litografia por nanoimpressão; aplicações nanotecnológicas para o tratamento descentralizado da água e das águas residuais, dessalinização e energia solar (células solares à base de nanomateriais); nanomateriais orgânicos e inorgânicos avançados, como grafeno, nanotubos de carbono, nanodots de carbono e polímeros condutores à base de grafeno, perovskitas, nanopartículas de ferro, cobalto e níquel e muitos outros.

4 .) <u>neurotecnologia</u>, nomeadamente: automatização digital, incluindo veículos autónomos (automóveis sem condutor e drones), IBM Watson, plataformas de e-discovery para a prática jurídica, algoritmos de personalização, inteligência artificial, reconhecimento vocal, robótica; tecnologias inteligentes; computação cognitiva; modelos informáticos do cérebro humano; realidade virtual baseada na mesociência.

5 .) <u>Tecnologias verdes</u>, incluindo: economia circular: tecnologias de reprodução, tecnologias de prolongamento do ciclo de vida dos produtos, como a reutilização e a recuperação, e tecnologias de reciclagem; infra-estruturas multifuncionais; tecnologias de integração de sistemas centralizados e   de   sistemas   de   serviços descentralizados   ; emissões de CO2.

Tecnologias para atenuar as alterações climáticas; tecnologias de baixo consumo de energia e de baixas emissões. Energia: fogões modernos com emissões comparáveis às dos fogões a GPL; utilização de eletricidade fora da rede (e possivelmente em corrente contínua); mini-redes baseadas em energias renováveis intermitentes com armazenamento; avanços na tecnologia das baterias; bombas de calor para aquecimento ambiente, armazenamento de calor e energia e veículos eléctricos (em combinação com

Relatório Mundial das Nações Unidas sobre o Desenvolvimento Sustentável 2016 - secção Tecnologia eletricidade fora da rede; redes inteligentes; tecnologias de gás natural; novos métodos de eletrificação; dessalinização da água (em combinação com eletricidade fora da rede). Transportes: infra-estruturas integradas de transportes públicos, veículos eléctricos (automóveis e bicicletas eléctricas), veículos a hidrogénio e infra-estruturas de abastecimento. Água: tecnologias móveis de tratamento de água, tecnologias de tratamento de águas residuais, infra-estruturas avançadas de medição do consumo. Edifícios: tecnologias de construção sustentável, casas passivas. Agricultura: tecnologias agrícolas sustentáveis, inovações em bioprodutos e transformação, tecnologias de transformação e armazenamento de baixo consumo, tecnologias hortícolas, tecnologias de irrigação, substâncias bioorganometálicas para melhorar a qualidade dos produtos agrícolas, etc.

A eficácia dos análogos biomiméticos da nitrogenase. Outros: gelo vibrante marinho, fotossíntese artificial

5) <u>Outras tecnologias</u> incluem: tecnologias de assistência para pessoas com deficiência; tecnologias sociais alternativas; laboratórios de fabrico; inovações médicas radicais; tecnologias de geo-engenharia (por exemplo, para fertilizar os oceanos com ferro); novas tecnologias de extração mineira (a utilização destas tecnologias é variada: desenvolvimento, emprego, fabrico, agricultura, saúde, cidades, finanças, "partilha" absoluta, governação, participação, educação, ciência cidadã, ciência ecológica, ciência ambiental e outras tecnologias). As ameaças também se manifestam sob a forma de: benefícios desiguais, perda de postos de trabalho, lacunas de competências, impactos sociais, deslocação dos pobres, perturbação da cadeia de valor global, privacidade, liberdade e preocupações com o desenvolvimento, fraude, roubo de dados, ciberataques, saúde humana (toxicidade), impactos ambientais (nano-resíduos), desqualificação, perda de postos de trabalho e polarização, aumento do fosso tecnológico, utilização militar, conflitos, novas desigualdades, perda de postos de trabalho; o

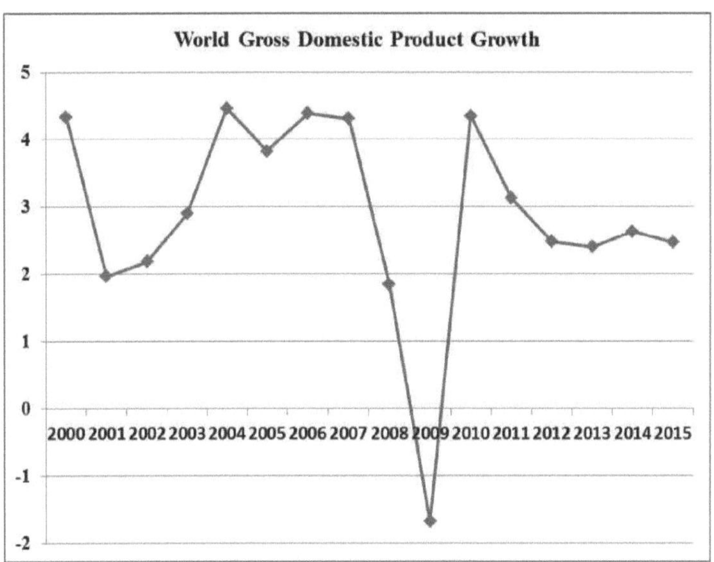

<u>Caraterística 10: O capitalismo sustentável baseia-se na revitalização do objetivo e da qualidade do </u>crescimento

A nível mundial (ver gráfico abaixo), o PIB não recuperou do revés global causado pela crise financeira de 2008 e pela consequente recessão em 2009, ou mais precisamente, podemos dizer que a parte do mundo em desenvolvimento não recuperou, mas o impacto global desta crise é relativamente significativo para o PIB mundial no seu conjunto.

Fonte: Cálculos do autor com base na base de dados do Banco Mundial. Isto significa que o desenvolvimento não será recuperado num futuro próximo e que o fosso entre ricos e pobres voltará a aumentar. O desenvolvimento sustentável tem de abordar o grande número de pessoas que vivem em situação de pobreza absoluta, ou seja, que não conseguem satisfazer sequer as suas necessidades mais básicas. A pobreza limita a capacidade das pessoas de utilizarem os recursos de forma sustentável e aumenta a pressão sobre o ambiente. O crescimento económico deve ser revitalizado nos países em desenvolvimento, pois é aí que a relação entre crescimento económico, redução da pobreza e ambiente é mais evidente. No entanto, os países em desenvolvimento fazem parte de uma economia global interdependente e as suas perspectivas dependem também do nível e da natureza do crescimento nos países desenvolvidos. [3]De acordo com as previsões das Nações Unidas, o crescimento dos países desenvolvidos deverá situar-se a médio prazo entre 3% e 4%, o mínimo considerado necessário pelas instituições financeiras internacionais para que estes países possam contribuir para a expansão da economia mundial. Dado que os países têm de suportar os custos de uma industrialização deficiente e que muitos países em desenvolvimento não dispõem dos recursos e da tecnologia necessários para se industrializarem corretamente, necessitam de informação e de apoio dos países industrializados para poderem utilizar a tecnologia da melhor forma possível, e as empresas transnacionais têm uma responsabilidade especial em preparar o caminho para a industrialização nos países onde operam. Do mesmo modo, a ONU sublinha que, embora as novas tecnologias prometam um aumento da produtividade, uma maior eficácia e uma redução da poluição, muitas delas trazem consigo o risco de novos produtos químicos tóxicos e de resíduos resultantes de acidentes graves, cuja natureza e dimensão excedem a capacidade dos actuais mecanismos de gestão, exigindo um reforço urgente dos controlos das exportações de produtos químicos industriais e agrícolas perigosos. No entanto, o capitalismo sustentável não é apenas uma questão de crescimento. Exige uma mudança no conteúdo do crescimento para o tornar menos intensivo em materiais e energia e mais equitativo nos seus efeitos. Estas mudanças são necessárias em todos os países como parte de um pacote de medidas para um capitalismo sustentável, para preservar as reservas de capital ambiental, melhorar a distribuição dos rendimentos e reduzir a vulnerabilidade às crises económicas. O processo de desenvolvimento económico deve centrar-se mais nas realidades do capital social que lhe está subjacente. O custo da reflorestação não é tido em conta, a menos que se gaste dinheiro com ela. Uma subcapitalização semelhante ocorre na exploração de outros recursos naturais, nomeadamente aqueles que não são capitalizados nas contas das empresas ou da economia nacional: o ar, a água e o solo. Em todos os países, ricos ou pobres, o capitalismo sustentável deve ter plenamente em conta a melhoria ou a degradação dos recursos naturais no seu desempenho de crescimento. A distribuição dos rendimentos é um aspeto da qualidade do crescimento, e um crescimento rápido associado a uma deterioração da distribuição dos rendimentos pode ser pior do que um crescimento mais lento associado a uma redistribuição a favor dos pobres. Uma tal trajetória não pode ser sustentável a longo prazo; conduz ao empobrecimento de muitas pessoas e pode aumentar a pressão sobre os recursos naturais através de uma sobrecomercialização da agricultura e da marginalização dos agricultores de subsistência. O capitalismo não é sustentável se aumentar a vulnerabilidade às crises. Esta vulnerabilidade pode ser reduzida através da utilização de tecnologias que reduzam os riscos de produção, da escolha de opções institucionais que reduzam as flutuações do mercado e da constituição de reservas, nomeadamente alimentares e cambiais. Se estes instrumentos não existirem, devem ser criados. Uma via de desenvolvimento que combine crescimento e redução da vulnerabilidade é mais sustentável do que uma que não o faça. O capitalismo sustentável exige uma visão das necessidades e do bem-estar dos seres humanos que inclua variáveis não económicas como a educação e a saúde para si próprios, o ar e a água limpos e a proteção das belezas naturais. Mudar a qualidade do crescimento contido na noção de capitalismo sustentável exige uma mudança na nossa abordagem dos esforços de desenvolvimento para ter em conta todas as suas implicações. Em alguns casos, o capitalismo sustentável significa renunciar a actividades financeiramente atractivas a curto prazo. O desenvolvimento económico e o desenvolvimento social podem e devem reforçar-se mutuamente.

O dinheiro gasto na educação e na saúde pode aumentar a produtividade do trabalho. O desenvolvimento económico pode acelerar o desenvolvimento social, oferecendo oportunidades a grupos desfavorecidos ou difundindo a educação mais rapidamente.

<u>Caraterística 11: O capitalismo sustentável baseia-se em acordos económicos internacionais sustentáveis</u>

As Nações Unidas sublinham que devem estar reunidas duas condições para que as actuais trocas económicas internacionais sejam verdadeiramente benéficas para todas as partes. A sustentabilidade em que se baseia a economia mundial deve ser garantida e os parceiros económicos devem ter a certeza de que a base do comércio é justa. Enquanto isso não acontecer, não se pode falar de um comércio mundial sustentável. Os relatórios das Nações Unidas reconhecem, de um modo geral, que o crescimento em muitos países em desenvolvimento continua a ser entravado pela queda dos preços das matérias-primas, pelo protecionismo e por encargos insustentáveis com a dívida. Como mostra o gráfico abaixo, a situação do comércio mundial começou a deteriorar-se em 2014 para todos os seus participantes. Após quase duas décadas de crescimento do comércio mundial, este foi interrompido pela crise financeira de 2008 e pela recessão de 2009, das quais o mundo recuperou com relativa rapidez, mas em 2014 todo o sistema comercial mundial entrou novamente em crise.

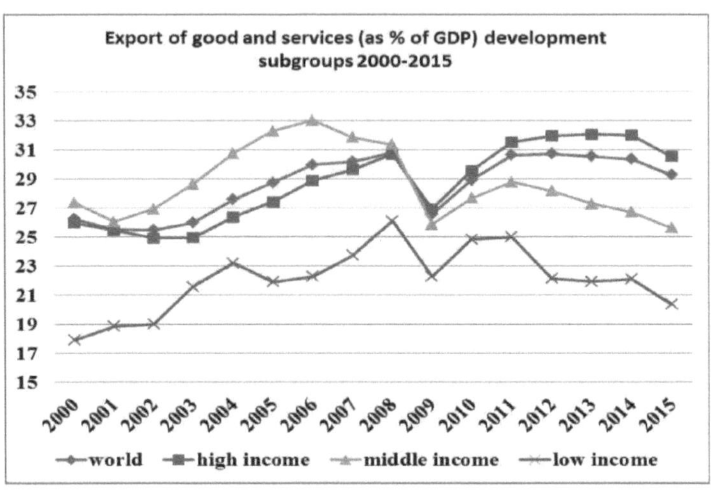

Fonte: Cálculos do autor com base na base de dados do Banco Mundial

Esta crise manifestou-se mais claramente na faixa de rendimento médio, que inclui a potência comercial global da China. O abrandamento relativo da participação da China no comércio mundial ajudou a gerir a crise comercial global, mas todos os outros países sofreram ou contribuíram para este abrandamento cumulativo. Mesmo antes desta reviravolta quantitativa, as Nações Unidas advertiram há décadas que a satisfação de todas as partes envolvidas no comércio e nas finanças mundiais estava muito longe da equidade e da eficiência de todos os parceiros que beneficiam do comércio livre. As Nações Unidas manifestaram esta preocupação ao Banco Mundial e ao Fundo Monetário Internacional, instando-os a levá-la a sério e a financiar apenas projectos e medidas respeitadores do ambiente, tendo sempre em mente os objectivos de desenvolvimento mais amplos e a mais longo prazo do impacto económico, social e ambiental. Por último, mas não menos importante, o capitalismo sustentável não é um capitalismo insustentável baseado na dívida. O atual nível de serviço da dívida não é compatível com o capitalismo sustentável. Os devedores têm de utilizar os seus excedentes comerciais para pagar o serviço da dívida e, para o fazer, dependem em grande medida de recursos não renováveis.

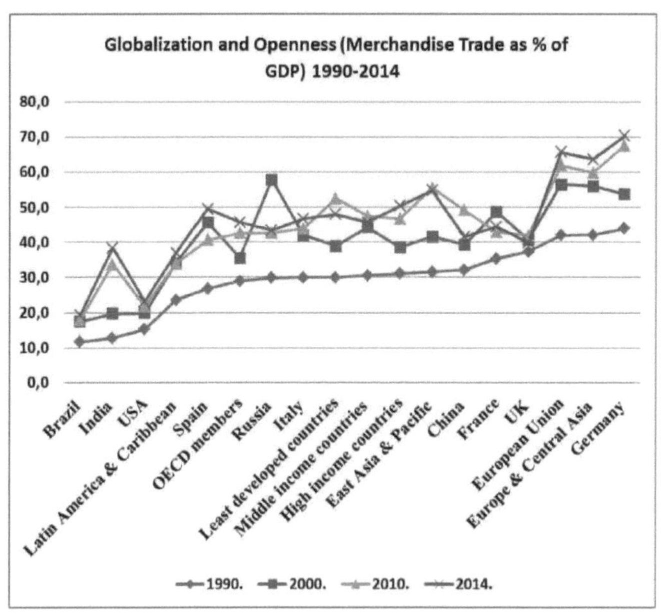

Caraterística 12: O capitalismo sustentável baseia-se numa dívida sustentável

O problema da dívida insustentável nos países pobres é que estes são frequentemente forçados a adotar práticas económicas insustentáveis que exploram excessivamente os seus recursos.

Fonte: Cálculos do autor com base na base de dados do Banco Mundial

Os relatórios da ONU sobre o desenvolvimento sustentável afirmam que as barreiras comerciais nos países desenvolvidos permitem que os países pobres e em desenvolvimento vendam os seus produtos a um preço razoável. A crise da dívida obrigou os países devedores a utilizar os recursos naturais não para o desenvolvimento, mas para cumprir as obrigações financeiras para com os credores estrangeiros, e esta abordagem é considerada míope de um ponto de vista económico, político e ambiental.

<u>Caraterística 13: O capitalismo sustentável elimina a importância das infra-estruturas de investimento social e económico - a importância do aspeto a longo prazo de uma economia sustentável.</u>

[4]De acordo com os Objectivos Globais para o Desenvolvimento Sustentável das Nações Unidas, as infra-estruturas são geralmente definidas como um meio de satisfazer as necessidades humanas. Consiste em activos e instalações de base que, no seu conjunto, são considerados essenciais para o funcionamento da sociedade e da economia. -

Fonte: Banco Mundial

Como tal, as infra-estruturas incluem serviços básicos como a água, o saneamento e a energia, bem como infra-estruturas de comunicação como as estradas, os sistemas de transporte e as tecnologias da informação e da comunicação. As infra-estruturas têm um impacto na desigualdade de resultados e de oportunidades através de três canais principais:

a) As infra-estruturas que prestam serviços básicos, como a água, as águas residuais e a eletricidade, podem ter um impacto nas desigualdades em função da qualidade, da conceção, da cobertura, da acessibilidade e da distribuição dessas infra-estruturas.

b) Infra-estruturas como a irrigação, a eletricidade, as TIC e as estradas aumentam a produtividade e reduzem os custos comerciais, o que tem um impacto na dinâmica estrutural da economia, incluindo os níveis de rendimento e a distribuição do emprego, e pode ter um impacto na desigualdade.

c) Infra-estruturas de comunicação, como estradas e TIC, que podem ter um impacto no acesso das pessoas a bens, serviços e oportunidades de emprego e, por conseguinte, influenciar as desigualdades.

No que diz respeito à acumulação global de capital, a atual forma de capitalismo está a atravessar uma grave crise na criação de infra-estruturas globais, que é essencialmente uma crise de desenvolvimento económico a longo prazo. Sem uma mudança no sentido de uma maior acumulação de capital e de um investimento a longo prazo em infra-estruturas físicas e não físicas, o sistema no seu conjunto não poderá avançar para um capitalismo sustentável. Qualquer visão de um capitalismo mais sustentável exige um aumento estrutural da acumulação de capital a nível mundial e, posteriormente, a nível dos países mais atrasados.

Caraterística 14: O capitalismo sustentável integra a ecologia e a economia na tomada de decisões e liberta-se da fragmentação de papéis e responsabilidades pela sustentabilidade a todos os níveis.

A conciliação dos objectivos ambientais e económicos perde-se muitas vezes na procura do lucro individual ou coletivo, sem ter em conta o impacto nos outros, confiando cegamente na capacidade da ciência para encontrar soluções e ignorando as consequências a longo prazo das soluções actuais. Esta miopia é agravada pela inflexibilidade institucional. As organizações sectoriais tendem a perseguir objectivos sectoriais e a considerar o seu impacto noutros sectores como um efeito secundário que só é tido em conta quando necessário. Muitos dos problemas ambientais e de desenvolvimento que enfrentamos têm origem nesta fragmentação setorial das responsabilidades. O capitalismo sustentável exige que se ultrapasse esta fragmentação. A sustentabilidade exige a introdução de uma maior responsabilidade pelas consequências das decisões. Para tal, é necessário alterar o quadro jurídico e institucional para garantir o respeito do interesse comum. A lei, por si só, não pode garantir o respeito pelo interesse geral. É necessário o conhecimento e o apoio da comunidade, o que implica uma maior participação do público nas decisões que afectam o ambiente. A melhor maneira de o conseguir é descentralizar a gestão dos recursos contra os quais as comunidades locais estão protegidas e dar-lhes os meios para influenciarem efetivamente a utilização desses recursos. Isto implica também a promoção de iniciativas dos cidadãos, a capacitação das organizações de cidadãos e o reforço da democracia local. Os inquéritos e as audições públicas sobre os impactos do desenvolvimento e do ambiente podem contribuir significativamente para fazer sobressair diferentes pontos de vista. O livre acesso às informações pertinentes e a disponibilidade de fontes alternativas de conhecimentos técnicos especializados podem constituir uma base sólida para o debate público. Quando o impacto ambiental de um projeto proposto é particularmente elevado, deve ser obrigatório um inquérito público e, sempre que possível, a decisão deve ser sujeita a aprovação pública prévia, eventualmente por referendo. A legislação ambiental não deve limitar-se às leis habituais em matéria de segurança, ordenamento do território e proteção do ambiente; os objectivos ambientais devem ser integrados na fiscalidade, nos procedimentos de pré-aprovação de investimentos e de seleção de tecnologias, nos incentivos ao comércio externo e em todas as componentes da política de desenvolvimento. A integração dos factores económicos, ambientais e sociais na legislação e na tomada de decisões nos países deve ser reforçada a nível internacional. O consumo crescente de combustíveis e materiais exige um aumento das ligações físicas diretas entre ecossistemas de diferentes países. A interação económica através do comércio, das finanças, do investimento e das viagens também irá aumentar, reforçando a interdependência económica e ambiental.

<u>Caraterística 15: o capitalismo sustentável depende em grande medida de um papel novo e modificado para as instituições inclusivas</u>

As instituições inclusivas são condições essenciais para a igualdade e a chave para alcançar o objetivo de não deixar ninguém para trás em qualquer forma de capitalismo sustentável. As instituições inclusivas oferecem direitos e benefícios iguais e garantem a igualdade de oportunidades, a participação e o acesso a todos os recursos e serviços. Baseiam-se geralmente nos princípios da universalidade (por exemplo, acesso universal à justiça ou aos serviços; pensão pública universal), da não discriminação (por exemplo, recrutamento meritocrático para a função pública; leis sucessórias que protegem os direitos das viúvas à terra) ou de medidas específicas necessárias quando certas pessoas e grupos são particularmente desfavorecidos e, por conseguinte, necessitam de um tratamento diferente para alcançar resultados equivalentes (por exemplo, quotas para aumentar a percentagem da população na população total). Os direitos de propriedade e as leis laborais são exemplos de instituições económicas formais. De acordo com as Nações Unidas, numerosos estudos estatísticos transnacionais mostram que instituições económicas mais inclusivas melhoram os resultados económicos.[6] A qualidade das instituições, como a segurança dos direitos de propriedade e o Estado de direito, determina em grande medida os níveis de rendimento. Alguns estudos

---

[6] Relatório sobre o Desenvolvimento Sustentável 2016; Nações Unidas

transnacionais indicam a ordem inversa da causalidade, ou seja, que o nível de rendimento, o nível de educação e o crescimento económico conduzem a instituições mais fortes, e não o contrário. Dadas as ligações entre pobreza, discriminação social, desenvolvimento e direitos humanos, as instituições nacionais de direitos humanos podem desempenhar um papel consultivo junto das instituições governamentais e acompanhar os progressos na implementação da agenda de desenvolvimento sustentável a nível local, nacional, regional e internacional. Esta ideia é fundamental para a agenda do capitalismo sustentável. As instituições inclusivas podem ajudar a garantir a responsabilização perante as pessoas, pondo em evidência as desigualdades e a discriminação, nomeadamente através de abordagens inovadoras e inclusivas da recolha de dados e de parcerias com detentores de direitos e grupos vulneráveis e marginalizados.

<u>Caraterística 16: Os interesses comuns do capitalismo sustentável só podem ser articulados através da cooperação internacional.</u>

Há décadas, a ONU declarou profeticamente que a interdependência não era apenas um fenómeno local. O rápido crescimento da produção alargou-a a uma escala internacional, tanto física como económica. Tem um impacto global e regional cada vez mais significativo, por exemplo, em mais de 200 bacias hidrográficas internacionais e num grande número de mares partilhados. A defesa dos interesses comuns é frequentemente dificultada pelo facto de as áreas de competência política e as áreas de impacto não coincidirem. A política energética de um país provoca depósitos ácidos noutro país. A política de pescas de um país afecta as capturas de peixe de outro. Não existe um organismo supranacional para lidar com estas questões e os interesses comuns só podem ser articulados através da cooperação internacional. Do mesmo modo, a capacidade de um governo para controlar a sua economia nacional é limitada pelo aumento da cooperação económica internacional. Por exemplo, o comércio externo de matérias-primas torna as questões da capacidade de carga e da escassez de recursos uma questão internacional. Se o poder económico e os benefícios do comércio fossem distribuídos de forma mais equitativa, os interesses comuns seriam geralmente reconhecidos. Este é um dos principais objectivos do capitalismo sustentável emergente.

5) O capitalismo sustentável está a emergir como consequência da necessidade de um novo acordo global sobre o desenvolvimento sustentável.

A fim de combinar as caraterísticas cartografadas dos documentos das Nações Unidas com as caraterísticas analisadas dos sistemas económicos neoliberais e regulados, proponho uma descrição e uma justificação para o desenvolvimento e a adoção de um segundo modelo de New Deal que deverá orientar a economia global para a sustentabilidade no século XXI. A manutenção do modelo atual, expressa em termos de riscos e oportunidades, nem sequer é sustentável em termos dos seus próprios critérios de sucesso. O modelo atual, tal como foi concebido, está a esgotar-se. Está ameaçado pelos seguintes riscos: rejeição nacional do modelo económico global, conhecida como rejeição protecionista e populista da globalização; níveis desestabilizadores de desigualdade em relação às actuais fontes e acumulação de rendimento e riqueza globais; ameaças físicas globais sob a forma de terrorismo e de tensões e guerras geoestratégicas; e a lenta adoção de uma nova visão do mundo renovável e de um crescimento inovador por grande parte do mundo. O modelo de capitalismo sustentável que pretendo propor baseia-se, portanto, em quatro áreas de excelência em que as relações sociais, económicas e ambientais são interdependentes. Combina os seguintes imperativos: atuar na vertente do crescimento, tratar a igualdade económica como um reforço das classes médias e a erradicação da pobreza, repensar a sustentabilidade como uma força inovadora e, finalmente, trabalhar para a paz como parte da unidade mais vasta e mais próspera do capitalismo sustentável. Começando pelo plano de crescimento, estou inclinado a prosseguir três dos objectivos e áreas de ação imediatos. O Capitalismo Sustentável U, por outro lado, sugere, em primeiro lugar, que o capitalismo sustentável, qualquer que seja a sua forma, precisa de uma melhor combinação de mercado e política para continuar a desenvolver-se. Em segundo lugar, gostaria de sublinhar a importância contraditória dos interesses globais, soberanos e locais e a forma como os seus interesses devem ser tidos em conta na próxima fase da globalização. Por último, os documentos das Nações Unidas sobre o desenvolvimento sustentável apelam sistematicamente ao reconhecimento e à resolução adequados de novas disposições institucionais que envolvam verdadeiramente as pessoas de forma mais direta nos processos de crescimento como um todo e através das quais o capitalismo sustentável do futuro abordará de forma mais prática e sincera a transparência, a responsabilidade e uma cultura de crescimento que não seja necessariamente uma cultura de lucro total em todas as fases do desenvolvimento. Nos documentos das Nações Unidas sobre o desenvolvimento sustentável, a igualdade económica, enquanto potencial de criação de uma classe média, está no centro da tarefa essencial de reduzir as formas gerais de pobreza e de exclusão e de não deixar ninguém para trás, ou de combater eficazmente as diferentes desigualdades, como caraterística central do capitalismo sustentável. O que é que isto significa? Em termos sociais, significa o reforço, a revitalização e a construção de uma classe média alargada, tanto a nível nacional como mundial. É esta classe média que protege contra os extremos da distribuição de rendimentos capitalista e garante a unidade e a abrangência dos interesses que tornam o sistema estável. A redução dos vários tipos de alienação como desenvolvimento gerador de pobreza leva o capitalismo a um nível de sustentabilidade, o que, por sua vez, promove a estabilidade económica de uma forma mais sistémica. Alternativamente, isto significa que um capitalismo sustentável pode (de novo?) olhar para a igualdade como uma fonte mais estável de crescimento e transformação, e só os sistemas estáveis podem crescer a longo prazo, uma vez que as estratégias de crescimento a curto prazo têm mais a ver com a entropia dos interesses a curto prazo do que com trajectórias ordenadas de movimento, transformação e criação de valor.

Para muitas pessoas, a sustentabilidade ainda é vista em termos antiquados - em termos de custos que impedem um modelo de negócio rentável, em que o lucro a qualquer preço é a base do capitalismo. O capitalismo sustentável, no entanto, caracteriza-se pela sua capacidade de conceber a sustentabilidade como uma força inovadora que promove melhorias sistémicas na produtividade e, por conseguinte, a rentabilidade a longo prazo dentro de um prazo razoável. Para os países menos desenvolvidos, a sustentabilidade ou a inovação não surgem no vácuo da política atual. Na perspetiva do capitalismo sustentável, a promoção da inovação e da inovação ligada à sustentabilidade torna-se o cerne da política pública. O capitalismo sustentável não é um "regresso a um estado de desenvolvimento global dominado pela agricultura". Baseia-se, em grande medida, no desenvolvimento e na utilização das tecnologias mais recentes, mas de uma forma sustentável, sem sacrificar as pessoas e o capital do planeta. Uma das funções centrais do modelo empresarial do Novo Capitalismo Sustentável será a preservação da integridade da Terra e das comunidades humanas. A consciência da importância desta função decorre de uma reavaliação do valor e da interdependência do capital humano, natural e financeiro. O desenvolvimento de novas tecnologias inovadoras, que preservam o capital natural e humano a um nível soberano, está a conduzir a uma nova vaga de transformação do conteúdo global e local da indústria, dos serviços e do sector agrícola. Em vez de ser menos dependente de movimentos globais aleatórios, a tónica será colocada nos esforços dos países para aproximar os actores globais das suas visões nacionais e locais de crescimento sustentável. Por último, nenhum desenvolvimento significativo e nenhuma atividade empresarial são possíveis sem segurança física e sem a manutenção e a previsibilidade dessa segurança. O compromisso com a paz é o quarto pilar do capitalismo sustentável. É calibrado de forma sistémica e envolve esforços consideráveis para encontrar novos modelos de justiça económica no planeta a muitos níveis. No contexto da realidade atual, isto exige uma conciliação delicada mas crucial dos interesses globais, soberanos e locais de muitos povos. O facto de as instituições globais de Breton Woods (ONU, FMI, BM, OMC) terem sido criadas no espírito da reconstrução pós-Segunda Guerra Mundial significa que todas estas instituições estão mais ativamente empenhadas na justiça económica, na equidade e na construção da paz. O capitalismo sustentável não pode ser alcançado sem considerar a justiça económica e a paz baseada na equidade como condições prévias para o crescimento e a prosperidade a todos os níveis, tanto nos países desenvolvidos como nos países em desenvolvimento, e no planeta como um todo.

Figura 1: Um modelo de capitalismo sustentável desenvolvido na sequência do "Second New Deal" ou Pacto Global para um Capitalismo Global Sustentável, apoiado pelas partes interessadas a nível mundial.

Fonte: autor

Dadas as críticas à intervenção reguladora direta do Estado em todas as áreas da economia, uma combinação eficaz entre o Estado e o mercado como mecanismo estratégico de tomada de decisões seria, para um capitalismo sustentável, a melhor forma de papel do Estado na economia, incluindo a criação dos chamados fundos soberanos como parte de um segundo New Deal global, para relançar o crescimento atualmente em desaceleração baseado no comércio livre e no investimento privado. Estes fundos soberanos podem ser utilizados como um meio para criar e fazer crescer a riqueza de forma eficaz e eficiente em países soberanos, paralelamente às políticas, mecanismos e instituições existentes da economia de mercado livre, acrescentando a componente soberana que falta atualmente na arquitetura de desenvolvimento existente. Com o abrandamento do crescimento global, teme-se uma maior deterioração da riqueza nacional do Estado, bem como da riqueza do Estado e dos indivíduos, e os fundos especiais destinam-se a evitar esta situação. Desta forma, o Estado pode apoiar a sua economia de uma forma nova, inovadora, orientada para o mercado e complementar às políticas, investindo em sectores de crescimento propícios ao crescimento a longo prazo, validados pelos mercados financeiros e orientados por uma lógica de sustentabilidade do crescimento a longo prazo. Para financiar estes mecanismos, os fundos soberanos podem centrar-se na utilização de activos públicos em geral, da forma que melhor se adapte aos seus objectivos e às suas capacidades actuais: tal poderá incluir o financiamento a partir de recursos fiscais (associados a oportunidades de redistribuição fiscal ou de tributação da poluição), receitas provenientes de bens imobiliários de propriedade pública, incluindo receitas provenientes da extração de minérios e de outros recursos, receitas provenientes de direitos de propriedade intelectual financiados por fundos públicos e outras receitas. Os objectivos dos investimentos intermediados pelos novos fundos soberanos são os seguintes A criação de emprego a nível nacional, o investimento estratégico a longo prazo em sectores de crescimento, o apoio a longo prazo à inovação e à modernização das actividades económicas estratégicas (I&D) e as actividades económicas locais sustentáveis contribuirão, em geral, para a sustentabilidade e a redução das desigualdades, reforçando simultaneamente a dimensão local e estatal do crescimento globalizado. Os fundos soberanos poderiam constituir formas novas ou inovadoras de novas políticas industriais/de desenvolvimento na emergência de um capitalismo sustentável, integradas nas políticas e infra-estruturas de mercado modernas do século XXI. Poderiam oferecer novas formas de gestão do Estado e dos bens públicos no âmbito de novas redes de governação, de forma transparente, responsável, inclusiva e responsável, em conformidade com as recentes tendências para uma democracia mais direta e para a participação dos cidadãos em geral, com uma maior responsabilidade partilhada pelo capitalismo sustentável. Do mesmo modo, podemos sublinhar que os fundos soberanos se inserem no paradigma de um novo tipo de patriotismo económico no âmbito da soberania económica. Este conceito é bastante amplo, não partidário e aberto a um vasto leque (dos conservadores aos progressistas) de críticas sociais ao atual status quo.

De acordo com as estatísticas económicas mundiais, o PIB, o comércio e o investimento mundiais têm crescido de forma bastante modesta em comparação com as séries históricas e as expectativas desde 2015, uma tendência que se manteve em 2016 e permaneceu inalterada em 2017. Por outro lado, com o recuo do comércio livre (em especial nos mercados petrolíferos), a inflação começa novamente a perseguir-nos, após quase três décadas de crescimento global sem inflação. A dívida e a crise do emprego dos jovens contribuem para estas perspectivas sombrias. As estatísticas da dívida dão uma ideia da dificuldade de financiar o comércio mundial e do pouco potencial que existe para um renascimento espontâneo do comércio livre global no futuro, tendo em conta as tendências actuais. Em 2016, quando os investidores se voltaram, de um modo geral, para os mercados robustos dos países mais desenvolvidos da economia mundial, as classificações do Doing Business e os pressupostos de que os fluxos de capital e as transferências de tecnologia e inovação se estenderiam automaticamente às economias emergentes deixaram de ser confirmados, uma vez que grande parte das economias emergentes está fortemente dependente do endividamento como única fonte de crescimento e tende a ser socialmente insensível e, a longo prazo, bastante desestabilizadora e economicamente insustentável.D e das políticas públicas industriais, uma vez que uma política de rendimentos viável, tal como as alavancas do desenvolvimento monetário e fiscal, desempenha um papel muito importante na gestão da procura agregada sustentável, da nova produção e do reembolso da dívida, bem como na construção da capacidade do Estado. Desta forma, podemos evitar que os investidores globais se concentrem num pequeno número de mercados globais; uma estratégia demasiado pouco diversificada a nível global e, por conseguinte, em última análise, insustentável, porque todas estas empresas e economias não serão capazes de gerar os rendimentos esperados se não forem apoiadas por vias mais estáveis, robustas e sustentáveis para um crescimento global inclusivo. De um modo geral, os países precisam de políticas tecnológicas e de inovação mais fortes e de projectos públicos em larga escala no domínio da tecnologia e da inovação, ou seja, de uma participação direta e indireta na I&D. A inovação é altamente concentrada e geralmente permanece no país da sede ou no país de origem das empresas globais. A Alemanha é um bom exemplo, e mesmo os projectos financiados ou liderados pelo governo dos EUA que resultam em novos produtos e serviços estão frequentemente sediados nos EUA. Não é uma maior concentração, mas sim uma maior soberania global, criando diversidade tecnológica e, sim, concorrência, que seria bom para os lucros e o emprego e para uma segunda fase de globalização mais sustentável. O relançamento do modelo económico mundial beneficiaria tanto os países industrializados como os países novos ou em desenvolvimento. É claro que a globalização, tal como é praticada atualmente, tem os seus pontos fortes, mas também tem os seus pontos fracos. A tomada de consciência destes dois aspectos é a melhor forma de utilizar melhor a força criativa da globalização para prosseguir o crescimento e o desenvolvimento numa base mais sustentável. Um regime mundial de comércio e investimento mais sustentável oferece um maior potencial para quadros mais produtivos ou interconexões produtivas e rentáveis, que satisfazem a necessidade de estabilidade e de estabilização dos fluxos em 2017. A economia da sustentabilidade oferece uma visão mais ampla e profunda dos multiplicadores de rendimento soberanos e locais (termos de troca, retornos do investimento, retornos humanos, retornos ambientais). O capitalismo sustentável não exclui o idealismo e a mobilização da criatividade e da inovação contidos na livre iniciativa e no comércio a um nível individual ou mais agregado. O nível mais elevado e o conteúdo mais quantitativo e qualitativo da sustentabilidade na economia global e local não é mais do que a fase seguinte de amadurecimento da agenda existente do livre investimento, do livre comércio e do modelo de livre empresa, em que se cria o melhor do espírito de livre empresa e do comércio eficiente, mas não de uma forma especulativa e globalmente insustentável. O capitalismo sustentável é sustentado pela ideia de uma governação global que permita uma transição que restabeleça o desequilíbrio existente entre a flexibilidade e a previsibilidade da livre circulação dos factores económicos e o estado das políticas socioeconómicas e das condições de vida nacionais ou locais versus globais. A narrativa metaeconómica da economia global ou do capitalismo sustentável está a mudar. Este modelo global não é apenas impulsionado por instituições globais. Pelo contrário, é impulsionado por aglomerações económicas globais e forças empresariais. Este facto deve ser tido em conta na análise dos fenómenos económicos internacionais e da sua relação com a situação económica nacional. Infelizmente, subsiste o problema de alguns legisladores e empresas não reconhecerem a existência do aquecimento global e considerarem-no uma espécie de paranoia científica. No entanto, isto apenas atrasa a reestruturação do sector energético mundial. A reforma das energias renováveis pode impulsionar a indústria nacional e a competitividade e, em última análise, melhorará a competitividade em relação às fusões tradicionais através da inovação em matéria de energias renováveis apoiada pelo Estado e de políticas adequadas de investimento em investigação e desenvolvimento Os sistemas de energia alternativos devem tornar-se mais baratos e mais comuns através da comercialização do seu potencial. A transição para uma economia circular é talvez a maior oportunidade para melhorar a organização da produção e do consumo na economia global. A transição para uma economia verde oferece o potencial para diversificar as economias e criar novos empregos de qualidade e mais sustentáveis, tanto nos países desenvolvidos como nos países em desenvolvimento. Por último, mas não menos importante, face a um possível racionamento da produção mundial, a redução da dependência do petróleo, em especial para os países importadores de petróleo, pode reduzir diretamente os riscos crescentes de uma inflação prejudicial induzida pelos preços.

Uma caraterística essencial do capitalismo sustentável emergente é uma resposta sistémica à questão de saber por que razão a redução da desigualdade económica a nível mundial e nacional promove a criação de riqueza individual, ao mesmo tempo que contraria os riscos de diminuição da riqueza mundial. De acordo com o pensamento e a prática neoclássicos tradicionais, toda a criação de riqueza deve ser o beneficiário de todas as outras criações de riqueza. Esta é a ideia de que uma vida melhor para uma pessoa beneficia muitas, se não todas, as outras. O pressuposto é que o dinheiro e a riqueza criados são geralmente reinvestidos, de modo que, no final, há empregos, rendimento extra, investimento, riqueza e assim por diante. Outro pressuposto é que a riqueza só é reinvestida devido ao potencial de lucro existente. Por outras palavras, se não for reinvestida num país, num sector, num período, etc., isso significa que o objetivo do investimento não é reformado e que não é possível obter um retorno suficiente. No entanto, sabemos agora que este princípio de "toma um pouco e terás um pouco ou muito" não é tão automático como pensávamos. O fenómeno da desigualdade de riqueza e de rendimento a nível local, nacional e internacional faz com que esta lógica e esta prática sejam contrárias ao facto de a riqueza e o rendimento criarem automaticamente riqueza e rendimento para os outros. Podemos também considerar que a desigualdade é uma força criativa, que algumas pessoas têm de dar para que outras possam ganhar dinheiro. Só se eu comprar barato é que posso vender com margem, só se me desfizer de algo é que posso vender por mais. Tenho de investir o meu dinheiro em objectivos e actividades que criem dinheiro e riqueza a curto prazo, seja qual for o preço. Isto conduz a uma situação que geralmente cria externalidades. Infelizmente, as desigualdades mostram que, em muitos casos, a situação é a seguinte: damos muito e recebemos pouco. Para atrair investimentos, temos de dar cada vez mais e receber cada vez menos em troca, porque outros no mundo estão a oferecer ainda menos. [78]Quando economistas de renome mundial, como Stiglitz e Piketty, começaram a falar deste fenómeno e a expor o que se estava a passar na cena mundial e nos Estados Unidos, muitos objectaram a estes argumentos, pois significariam, na prática, que o atual modelo de criação de riqueza e de crescimento não era tão eficiente e benigno como se pensava. No entanto, o modelo atual estava mais próximo do modelo liberal

---

[7] Stiglitz, J. E. (2012). The price of inequality: how today's divided society endangers our future [O preço da desigualdade: como a sociedade dividida de hoje põe em perigo o nosso futuro]. Nova Iorque, W.W. Norton & Co.

[8] Piketty, T., & Goldhammer, A. (2014). Capital in the twenty-first century. Cambridge, MA: The Belknap Press of Ha

clássico, e nem sequer do modelo neoclássico, porque partia do princípio de que as coisas iriam sempre correr mais ou menos bem a nível global, com a oferta de tudo a acabar por ser satisfeita pela procura de tudo, criando assim rendimento e riqueza, no pressuposto de que a procura global seria vigilante e vigorosa, apesar de muitos empregos e rendimentos serem destruídos e reduzidos numa era dominada pela economia do lado da oferta. A economia da oferta caracteriza-se pela ausência de perspectivas ligadas à procura económica. E hoje apercebemo-nos de que a procura global, uma vez que os limites máximos da dívida estão a ser respeitados para a financiar, é na realidade uma crise de desigualdade global de rendimentos e de riqueza, uma vez que a oferta de bens e serviços a nível global e nacional é incapaz de satisfazer a procura relativa em declínio ligada ao rendimento e à riqueza.

Mesmo que, numa tal situação, a riqueza acumulada de certos indivíduos aumente a curto prazo, como mostra o número crescente de bilionários no mundo e em certos países, esta tendência não é sustentável e é mesmo prejudicial para a riqueza acumulada a longo prazo. De muitas maneiras, mesmo aplicando a lógica e a experiência tradicionais, sabemos que a segurança é um conceito relativo sob incerteza e, por analogia, numa economia global em deterioração, a riqueza global e individual torna-se um objeto relativo de riqueza. A riqueza é avaliada e contextualizada. Não é uma realidade absoluta. É determinada todos os dias por milhares de milhões de transacções de mercado. Num mundo cada vez mais incerto, a capacidade e a sorte de preservar o valor da riqueza são infelizmente desvalorizadas. É por isso que as pessoas que ganham o seu dinheiro em países instáveis costumam transferi-lo para a Suíça ou para outros países estáveis, mas mesmo estes países não são ilhas nas tendências e processos globais de desvalorização e valorização num dado momento, se as tendências globais de desvalorização e valorização estão a afetar todos os mercados num dado momento, neste preciso momento. Passo a explicar. Toda a riqueza é armazenada sob uma forma ou outra de objectos financeiros ou não financeiros, e todos eles estão ligados às tendências globais do mercado: moedas, activos, imóveis, jóias. O montante absoluto da riqueza nunca é o mesmo; qualquer pessoa interessada em investimentos sabe-o, pelo que a estabilidade e o valor a longo prazo de cada ativo dependem essencialmente do seu valor atual e da sua negociabilidade. Num mundo em que uma moeda deixa de ter valor circulante, torna-se obsoleta. Num mundo cada vez mais pequeno, onde as desigualdades tornam o mundo cada vez mais pequeno, as empresas não conseguem vender o suficiente dos seus bens e serviços à escala global. Estas vendas globais e a sua capacidade de venda começam a enfraquecer e são uma ameaça direta à prosperidade existente. O atual nível de desigualdade assemelha-se à situação que prevalecia antes da grande crise financeira do início do século passado. Há que assumir que os riscos não são simplesmente os mesmos em ambos os casos. A grande crise que atingiu os Estados Unidos no primeiro quartel do século passado tornou toda a gente mais pobre, tanto os pobres como os ricos, mas também os super-ricos, que pensavam que nada poderia ameaçar a prosperidade que tinham adquirido e construído para durar gerações. A evolução para uma maior igualdade pode devolver-nos algo; de facto, dá-nos formas mais plausíveis e estáveis de preservar a nossa prosperidade e de criar novas. Para isso, temos de mudar completamente a nossa visão da política de igualdade económica. Políticas e práticas justas em matéria de rendimentos, práticas de investimento mais sustentáveis e novas inovações em matéria de energias renováveis que criem empregos e benefícios potenciais, como práticas fiscais mais justas e sustentáveis, e voltar a colocar na agenda da política económica objectivos como a elevação do nível de vida médio e o aumento do rendimento médio disponível do cidadão/contribuinte médio, que mais não são do que investimentos na capacidade de troca da riqueza existente. E já conhecem a célebre regra de ouro do comportamento; também a podemos aplicar ao contrário: O que não fizeres pelos outros, faz por ti.

Por último, o capitalismo sustentável também trabalha efetivamente para a paz ou para um dividendo global da paz. O dividendo da paz é um objetivo crucial dos investimentos geoestratégicos e sociais na justiça económica e na (re)construção equitativa, através da (re)construção da reciprocidade e da vitalidade transformadora, num paradigma de coexistência e sobrevivência. É difícil escrever sobre o mundo sem o referir ou analisar em termos de equidade e justiça. Isto deve-se ao facto de a paz ser, por definição, um contrato social. A paz é algo que acontece, por isso está ligada a um objetivo e a um processo que pertencem a pelo menos duas ou mais partes, o que indica que são mutuamente estruturados e interdependentes. Ao mencionar a paz como o resultado de um objetivo ou de um substantivo, é também necessário mencionar a paz como um verbo existencial específico; um modo de pensar e uma série de acções para a paz. A paz não é uma tendência estática que se sobrepõe à dinâmica da ação económica e comercial. Alguns reduzem a importância da paz através das suas acções, argumentando que a paz é uma fraqueza dispendiosa e imóvel que os impede de perseguir os seus melhores interesses. Mas a paz tem muito a ver com a ação e, em última análise, com o interesse próprio, e a ausência de paz é um caminho mais dispendioso do que o investimento na paz. Falamos frequentemente da paz como algo difícil de conquistar e sem preço. O problema de valorizar corretamente a paz é que só podemos reconhecer o seu valor quando a perdemos. Quando não temos paz, apercebemo-nos de que a paz é um bem ou um estado extremamente precioso e mesmo inestimável. Aquilo a que chamamos o custo de oportunidade da paz é algo de extraordinário. A paz é uma espécie de ativo de infra-estruturas. Sem paz, nada é previsível no bom sentido da palavra. A paz é a estabilidade física de que todos precisam para apreciar e criar valor. É um pouco como uma inflação baixa, em que o aumento dos preços não priva nenhum bem do seu valor real. A ausência de paz é como uma inflação galopante, em que os valores se tornam inúteis de um dia para o outro. A paz tem muito a ver com a economia, e a economia tem muito a ver com a paz. De um ponto de vista económico, podemos também falar de paz em termos de gestão de crises. Se nos empenharmos na paz, na justiça económica e na equidade, evitamos as crises e as bolhas de valor insustentáveis. A verdadeira paz está sempre ligada à justiça evolutiva que celebra. A paz é essencialmente pacificadora, o oposto da explosão da revolução, mas não é estagnação, mas evolução. A paz não consiste apenas em fazer coisas. A paz tem sempre a ver com a construção de relações, e é por isso que é essencial para o capitalismo sustentável. Não se trata apenas de "o quê" e "como", que são as principais meta-questões da economia, mas também da questão crucial de "para quem". No cerne da equidade e da justiça económica estão as relações e a cooperação, mesmo quando estamos em concorrência. Trata-se de fazer parte de um todo, de fazer parte de uma unidade, se não de uma unidade, de ser sensível a essa totalidade e completude, de responder a essa unidade e até de ser responsável por ela. O mundo enquanto tal define-se como uma relação e uma justiça relacional. Qualquer relação que caminhe para a justiça está orientada para a paz, e qualquer relação que procure a paz encontrá-la-á na intersecção da justiça, e a justiça define-se como uma relação madura de reciprocidade, de dar e receber. Só as relações recíprocas podem evoluir para a paz, e só as relações inclusivas podem conduzir à paz em geral. É por isso que a noção de inclusão é essencial para a ideia de um capitalismo sustentável emergente. Pode não haver justiça perfeita ou absoluta, mas a justiça deve ser procurada se se quiser alcançar a paz. Eliminar a injustiça não significa destruir as perspectivas de paz, por mais frágeis ou duradouras que sejam. Trata-se de restabelecer qualquer ideia de paz - social, económica, de segurança - e qualquer ideia de relações e redes de relações em que não haja pessoas abandonadas, solitárias, esquecidas, privadas de direitos, enganadas, exploradas, marginalizadas, abusadas, exploradas ou traficadas. A injustiça que dá origem a estas formas de pessoas excluídas está sempre na origem da guerra, da exploração e da exclusão, que acabam por desestabilizar todos os seres humanos. A injustiça estrutural, tal como a injustiça social e económica, não se torna menos injusta quando é justificada fora da justiça e de uma forma justa de justificação. Sem um jogo justo, é todo o jogo e todos os actores envolvidos que acabam por ser ameaçados. Só levando a sério a nossa interdependência, a nossa dependência mútua e recíproca, é que podemos ver como a paz, enquanto força, condição básica necessária à prosperidade, ao crescimento e à riqueza, é o seu elo mais fraco. Num mundo global e globalizado, a agitação e a guerra estão sempre a ocorrer algures no nosso próprio quintal. A exportação da injustiça social, ambiental e económica voltará com novas fontes de injustiça e factores de desestabilização. Os canais para o efeito são numerosos. É por isso que a paz é uma questão de reunificação, de reunificação sistémica, e a reunificação sistémica é uma questão de justiça sistémica. Até agora, muitas instituições mundiais não abordaram estas questões; a paz, a economia, o bem-estar social e as liberdades individuais foram considerados num contexto mais restrito. Algumas concentraram-se na construção da paz, como a ONU, outras na economia, como o FMI, o Banco Mundial e outros mecanismos regionais, e mesmo a nível nacional, a paz e a prosperidade, o ambiente e o bem-estar ou a reciprocidade social foram tratados separadamente. Esta arquitetura criou um fosso intransponível, que é necessário para a paz. Penso que quisemos liberalizar o mais possível para sermos mais eficientes e eficazes, mas esquecemo-nos de que a liberalização e a globalização não se destinavam a destruir todas as regulamentações, mas a acrescentar ou a conceber regulamentações novas e modificadas que nos conduzissem a uma maior partilha de oportunidades e responsabilidades para o crescimento mútuo, a prosperidade e a paz. Num mundo em que alguns ganham sistematicamente e outros perdem sistematicamente, não pode haver justiça e temos de reconhecer que manter e construir a paz envolve muitos riscos. A paz não significa ser igual ou estar na mesma situação, mas fazer parte de um todo que faz sentido; a procura desse todo é a procura da justiça, que nos conduzirá de novo à paz. Se a paz está ameaçada, temos absolutamente de voltar a procurar esse todo com sentido, um novo quadro ético na política e na prática que nos leve ao limiar de um novo contrato social suficientemente flexível para liberalizar as nossas motivações rígidas, que foram fundamentalmente postas de lado e já não estão em sintonia com o todo maior. Precisamos de regressar à justiça e à equidade para podermos reinvestir num novo contrato global e social, e este é um esforço tanto individual como organizacional em que nós, enquanto acionistas globais, nacionais e locais, temos de abordar a criação da paz e da justiça e a manutenção da paz e da justiça. Todos nós precisamos de o fazer - cidadãos e comunidades, ONG, empresas, fundações, decisores políticos, organizações internacionais - porque sabemos o quanto todos temos a ganhar com os dividendos da paz. A paz tem a ver com dar e receber. Baseia-se na reciprocidade. O capitalismo sustentável em construção é a paz. O preço dos dividendos da paz não tem preço.

Poderão as escolas de gestão contribuir para a emergência de um capitalismo sustentável? Para responder a esta questão, é necessário começar por analisar as críticas actuais às escolas de gestão, que se centram principalmente na sua crise de legitimidade social, e considerar também o seu potencial para contribuir para uma agenda de desenvolvimento sustentável.

6 Críticas às escolas de gestão, crise de legitimidade e participação no programa de desenvolvimento sustentável

Nas últimas duas décadas, as escolas de gestão têm sido objeto de críticas consideráveis. Tornaram-se um grande negócio, com surpreendentemente pouca avaliação do impacto das escolas de gestão nos licenciados ou na profissão de gestão (Pfeffer e Fong, 2002), o que tem duas consequências inevitáveis: a crítica de que um grau de MBA ou as notas do curso não estão correlacionados com o sucesso na carreira, e a falta de provas de que a investigação das escolas de gestão influencia a prática de gestão, o que põe em causa a relevância profissional da investigação em gestão. Autores como Hambrick (1994) e Pettigrew (2001) argumentam que a investigação nas escolas de gestão raramente é relevante ou prática. Do mesmo modo, Khurana (2007) e Adler e Harzing (2009) salientam que as escolas de gestão se submeteram à tirania das tabelas classificativas. Martin considera que as escolas de gestão se concentraram na aquisição de conhecimentos funcionais restritos em vez de uma abordagem mais ampla para resolver problemas económicos e sociais numa grande variedade de contextos. Outros criticaram as escolas de gestão por se centrarem na aquisição de conhecimentos disciplinares em vez de desenvolverem uma perspetiva interdisciplinar e integrada (Khurana, 2007). Este facto prejudica o desenvolvimento das capacidades de pensamento crítico dos estudantes. Em muitas situações, os estudantes não desenvolvem a capacidade de colocar questões críticas e de gerir situações complexas, ou aprendem que as organizações são racionais e lógicas, apenas para descobrirem a complexidade com que se deparam (Datar et al., 2010). O resultado é um fosso persistente entre o conhecimento e a ação (Colby et al., 2011), em que os estudantes são forçados a adquirir conhecimentos, tendo pouco espaço ou oportunidade para aplicar concretamente o que aprenderam. Os seus juízos profissionais devem basear-se em conhecimentos e competências técnicas. Mas devem também basear-se numa sensibilidade ética para as expectativas e valores da sociedade relativamente a problemas e decisões. Desta forma, compreendem mal e distorcem a importância dos valores e da ética nos negócios (Ghoshal, 2005; Khurana, 2007) e são reduzidos, enquanto gestores, a agentes acionistas que dedicam as suas carreiras ao único propósito de acumular riqueza privada, roubando-lhes essencialmente a sua identidade profissional, autoestima e responsabilidade pessoal e deixando-os mal preparados para gerir o papel, a responsabilidade e o propósito dos negócios na sociedade (Gentile, 2010; Swaen et al., 2011, Bieger, 2011). Estas atitudes e perfis educativos estão também ligados à legitimidade da investigação das escolas de gestão, que raramente abordam questões públicas e políticas importantes sobre temas como a educação pública, a pobreza ou a sustentabilidade (Dyllick, 2015), e revelam a sua incapacidade ou falta de vontade para informar a sociedade e as políticas e contribuir para o bem comum, em vez de fazer o bem para alguns actores privados, como a recente crise financeira demonstrou (Rynes e Shapiro, 2005). Por todas estas razões, a falta de legitimidade das escolas de gestão tornou-se uma grande preocupação e está no centro da investigação sobre o seu potencial desenvolvimento futuro. A legitimidade das escolas de gestão tem sido posta à prova desde os escândalos empresariais do início do milénio e a subsequente crise financeira (Hommel e Thomas, 2014). Um nível de crítica à legitimidade refere-se à visão alegadamente instrumental, amoral e egoísta do comportamento humano que está na base de grande parte da teoria e do ensino contemporâneos da gestão (Ghoshal, 2005; Mintzberg, 2004; Mitroff, 2004; Pfeffer e Fong, 2004), e a outra ao facto de a aprendizagem baseada na humanidade ter sido em grande parte excluída dos currículos das escolas de gestão (Bennis e O Toole, 2005; Duncan, 2004; Duncan, 2004; Starkey e Tempest; 2009; Wright, 2010). Henisz apresenta uma tese central sobre a reforma, que diz respeito à restauração da legitimidade das escolas de gestão, e argumenta que tais reformas são trabalhosas porque põem em risco as relações existentes com as partes interessadas, ignorando-as nos actuais indicadores de desempenho das escolas de gestão (Henisz, 2011). O autor salienta que as reformas são possíveis, mas apenas se uma liderança interna esclarecida, a pressão e os recursos da sociedade civil, do governo, dos estudantes e dos empregadores conseguirem articular as suas exigências de reforma, abordar as preocupações profundas sobre o neoliberalismo na política económica mais ampla e formar uma aliança improvável para ultrapassar o bloqueio do corpo docente, os paradigmas disciplinares e as restrições financeiras a curto prazo. Neste sentido, os autores também acreditam que existe potencial para uma mudança significativa na investigação e no ensino das escolas de gestão (Willson e Thomas, 2012), abordando o seguinte: Alargamento do foco tradicional da investigação e do ensino para um olhar mais amplo sobre a sociedade, adoção de perspetivas multidisciplinares, mudança de perspetivas teóricas e do foco da investigação para as grandes questões, envolvimento em debates públicos e políticos, regresso ao trabalho, ao emprego e à sociedade, maior atenção às questões éticas e morais inerentes às escolas de negócios e maior atenção às questões éticas e morais inerentes às escolas de negócios (Willson e Thomas, 2012). Neste contexto, as escolas de gestão também precisam de responder a questões societais como a sustentabilidade, que também estão ligadas a estes temas gerais da empresa e da economia modernas (Boyle, 2004; Schoemaker, 2008). Até à data, a investigação nas escolas de gestão tem contribuído pouco para algumas das questões societais mais prementes, nomeadamente a descarbonização do sistema económico e a adaptação do consumo de recursos aos constrangimentos do planeta, que exigem uma abordagem inter e transdisciplinar. Neste sentido, a investigação em gestão não está à altura dos desafios de uma transformação profunda da economia e da sociedade, razão pela qual se propõe que as escolas de gestão se tornem agentes de mudança em três categorias: Introdução da investigação n A investigação em gestão pode apoiar a economia, desenvolvendo soluções empresariais para um mundo sustentável, desenvolvendo novos critérios de medição do desempenho, definindo normas profissionais e éticas e apoiando os gestores na sua mudança. Para que as empresas consigam gerir a mudança e tornar-se guardiãs do bem comum, precisamos de uma liderança baseada em diferentes valores, aptidões e competências. Aqueles que forem suficientemente corajosos para enfrentar a tempestade precisarão de um apoio considerável sob a forma de nova investigação, orientação e aconselhamento (Muff et al., 2013).

Recentemente, os investigadores em educação nas escolas de gestão começaram a destacar a importância de integrar sistematicamente a agenda do desenvolvimento sustentável nos currículos das escolas de gestão como parte da educação em gestão (Hommel et al., 2012), mas a situação está longe de ser ideal, uma vez que ainda existem muitas barreiras reais à integração do desenvolvimento sustentável nas principais disciplinas de gestão (Rasche et al., 2013). Sterling (2004) identifica três níveis potenciais de resposta à adoção de uma agenda de sustentabilidade ou à educação para o capitalismo sustentável no ensino superior. Identifica: a educação para o desenvolvimento sustentável (e classifica-a como uma resposta de acomodação), a educação para o desenvolvimento sustentável (classifica-a como uma resposta de reforma) e, finalmente, a educação para o desenvolvimento de capacidades (classifica-a como uma resposta transformadora). Ao longo deste livro, propus estas três abordagens para lidar com o capitalismo sustentável, desde o ensino da matéria até ao desenvolvimento de capacidades no terreno. Atualmente, a maioria dos programas de educação para a sustentabilidade nas escolas de gestão é de natureza incremental e utiliza abordagens reformistas incrementais para tratar de questões críticas de sustentabilidade global, mas há claramente uma necessidade de resultados de sustentabilidade mais transformadores na educação para a gestão (Starik et al., 2010). Outra forma de desenvolver o ensino da sustentabilidade nas escolas de gestão consiste em integrar a sustentabilidade nas estruturas existentes (Lamsa et al. 2008). O "piggybacking" consiste em inserir o currículo de sustentabilidade em sessões individuais de aulas ou módulos com professores convidados que falam sobre RSE e sustentabilidade, mas há quem critique esta abordagem devido à integração desigual da sustentabilidade no currículo (Rusinko, 2010). Existem diferentes formas de integração da agenda da sustentabilidade no ensino da gestão. Quando a sustentabilidade é ensinada como uma "competência suave" (Truscheit e Otte, 2007), o trabalho em equipa e a concetualização de argumentos são vistos como um princípio da sustentabilidade. Por outro lado, o desenvolvimento de aptidões de sustentabilidade (Stibbe, 2009) implica realçar as aptidões, atitudes, competências, disposições e valores necessários para sobreviver e prosperar num mundo em deterioração, de modo a abrandar este declínio tanto quanto possível. O tema da sustentabilidade pode ser integrado em todo o currículo, acrescentando perspectivas interdisciplinares (Roome, 2005) e pensamento sistémico, um dos elementos fundamentais do pensamento sustentável (Claytong e Radcliff, 1996; Stibbe, 2009). No contexto do ensino da economia e do capitalismo sustentáveis, os autores sublinham, para além da abordagem sistémica, a necessidade de uma compreensão global e sistémica (Baets e Oldenboom, 2009, Werhane e Painter-Morland, 2011). Uma compreensão global e sistémica é, pois, essencial para cumprir a agenda do desenvolvimento sustentável. Num sistema complexo, a interação entre causas e efeitos é dinâmica e não linear, e vários factores interagem de forma complexa para produzir mudanças. Para complementar este desenvolvimento, a teoria das escolas de gestão foi proposta como um sistema aberto de educação para o desenvolvimento sustentável (Painter-Morland, 2011). Estes módulos educativos têm um impacto sobre aqueles que os integram e sobre o conhecimento que geram e transmitem, mas são também influenciados por outros factores externos. O currículo não evolui independentemente do sistema de ensino empresarial ou da economia, do ambiente e da sociedade. É simultaneamente causa e efeito da mudança sistémica e do empenho das partes envolvidas. Acima de tudo, isto implica uma maior integração institucional sistémica da sustentabilidade na missão das escolas de negócios (M. Painter-Morland, 2015), criando uma capacidade sistémica para a sustentabilidade que será disseminada e desenvolvida dentro das organizações e gerará um impulso para a mudança entre estudantes, professores, administradores, instituições como um todo e as empresas que recrutam os seus licenciados. Para tal, é necessário dar maior ênfase ao trabalho em rede (Leroy et al., 2001, Courtice e Van der Kamp, 2013), ou seja, à necessidade de ligar a educação à economia, à sociedade e ao ambiente natural e, por último, à sustentabilidade sob a forma de criação de capacidades para uma economia e um modelo empresarial sustentáveis (Burchell et al, 2015; Akkrivou e Bradbury-Hung, 2015), permitindo que os membros da instituição sejam agentes de mudança e criem um contexto social transformador.

7 .) Aprendizagem ao longo da vida das partes interessadas a nível mundial para um capitalismo sustentável (amostra de países da UE)

As Nações Unidas também lançaram a EDS, Educação para o Desenvolvimento Sustentável, há mais de três décadas, e o seu trabalho está agora a ser levado por diante pelo Instituto da UNESCO para a Aprendizagem ao Longo da Vida. No seu relatório sobre o desenvolvimento da educação das Nações Unidas para o desenvolvimento sustentável (Noguchi et all, 2015), o caminho percorrido é longo. A Conferência das Nações Unidas sobre o Ambiente e o Desenvolvimento (CNUAD, vulgarmente conhecida como a Cimeira da Terra), realizada no Rio de Janeiro em 1992, foi a primeira conferência internacional em que os governos, o sector privado e as organizações não governamentais (ONG) dos países desenvolvidos e em desenvolvimento deram prioridade a estas questões fundamentais e debateram a forma como as soluções poderiam ser integradas nas suas práticas. A CNUAD adoptou a Agenda 21, um plano de ação global apoiado por todas as partes interessadas (incluindo os governos locais) e que abrange todas as áreas em que os seres humanos influenciam o ambiente. As crianças e os jovens, as mulheres, as organizações não governamentais (ONG), as autoridades locais, as empresas e a indústria, os trabalhadores, os povos indígenas e as suas comunidades e os agricultores foram identificados como partes interessadas importantes. Nas duas décadas que se seguiram à CNUAD, o desenvolvimento sustentável tornou-se um movimento global e local. Salientando o importante papel da educação na capacitação das pessoas para alcançarem o desenvolvimento sustentável, os educadores têm procurado, ao longo dos anos, implementar uma série de iniciativas de desenvolvimento sustentável, desde o nível global até ao nível local de base. Os seus esforços conduziram ao aparecimento de um domínio designado por Educação para o Desenvolvimento Sustentável (EDS). A EDS incentiva as pessoas a participarem ativamente na criação de um mundo em que todos tenham a oportunidade de receber uma educação de qualidade e adquirir os valores, comportamentos e estilos de vida necessários para um futuro sustentável e uma mudança social positiva". A EDS engloba todos os esforços humanos para fornecer aos alunos os conhecimentos, as competências e os valores relevantes para o desenvolvimento sustentável. Ao mesmo tempo, altera a educação de modo a que a aprendizagem ocorra fora dos estabelecimentos de ensino tradicionais. A EDS tem as suas raízes em dois movimentos educativos que surgiram desde a criação das Nações Unidas. Um deles é o movimento Educação para Todos (EPT), que tem por objetivo alargar o ensino básico para criar uma base sólida para a aprendizagem ao longo da vida. Os esforços do movimento EPT foram reforçados a nível nacional e internacional pelo Quadro de Ação de Dacar, baseado na Declaração de Jomtien de 1990 sobre Educação para Todos e alinhado com o objetivo de educação dos Objectivos de Desenvolvimento do Milénio, que se refere aos objectivos da educação para o desenvolvimento sustentável. A segunda raiz da EDS é o movimento de educação ambiental, que teve início na década de 1960. Os educadores ambientais desenvolveram abordagens e métodos inovadores para tratar as questões ambientais na sua prática pedagógica quotidiana. medida que o domínio da educação ambiental crescia, cresciam também os debates sobre o desenvolvimento sustentável. A educação ambiental desafiou de forma crítica os paradigmas educativos existentes que incentivavam a reprodução de sistemas e práticas insustentáveis. A tónica da educação ambiental passou da resolução de problemas ambientais para a consecução do desenvolvimento sustentável, com base na compreensão da interdependência dos problemas ambientais com factores sociais, económicos, políticos e culturais. O movimento de educação para o desenvolvimento sustentável levou à criação da Década das Nações Unidas da Educação para o Desenvolvimento Sustentável (DDS). A Década das Nações Unidas da Educação para o Desenvolvimento Sustentável, que decorreu de 2005 a 2014 e foi coordenada pela UNESCO, permitiu que um vasto leque de intervenientes, incluindo governos, organizações não governamentais, o sector privado, investigadores e agências das Nações Unidas, se envolvessem em actividades educativas a favor do desenvolvimento sustentável. Em novembro de 2014, o encerramento da UN DESD foi celebrado pela Conferência Mundial da UNESCO sobre Educação para o Desenvolvimento Sustentável, realizada no Japão. A Declaração de Aichi-Nagoya, adoptada nesta conferência, reconheceu as realizações da Década, comprometendo-se com o Programa de Ação Mundial (PAG) para a EDS "através de uma educação inclusiva e de qualidade e da aprendizagem ao longo da vida em contextos formais, não formais e informais".1 Esta visão da aprendizagem ao longo da vida para o desenvolvimento sustentável é prosseguida no Programa Mundial de Educação 2030 e no seu Quadro de Ação. A fim de testar a hipótese do potencial da aprendizagem ao longo da vida para as escolas de gestão e como fórum de divulgação da educação para o capitalismo sustentável, são analisadas as tendências da aprendizagem ao longo da vida nos Estados-Membros da UE. É analisada a participação geral na aprendizagem ao longo da vida, bem como as caraterísticas sectoriais, educativas, profissionais e dos contratos de trabalho. Um grupo de países da UE com diferentes níveis de educação e taxas de crescimento realça as semelhanças e diferenças nas tendências globais. A ideia é realçar a atual sub-representação da aprendizagem ao longo da vida, mesmo nos países mais desenvolvidos, e expressar o seu potencial para atrair as escolas de gestão através das suas actividades de descoberta das caraterísticas do desenvolvimento sustentável.

Fonte: Autor, dados extraídos do EUROSTAT[8]

Existem diferenças consideráveis entre os Estados-Membros da UE em termos do seu empenhamento na aprendizagem ao longo da vida. Este facto sugere que quanto mais desenvolvido é um país, maior é o seu envolvimento na aprendizagem ao longo da vida, e que a aprendizagem ao longo da vida pode ser vista como uma das pedras angulares do próprio desenvolvimento. Neste sentido, o capitalismo sustentável é sustentável e baseia-se na aprendizagem ao longo da vida. Os países escandinavos apresentam os melhores resultados no que respeita à aprendizagem ao longo da vida como forma de educação geral. A Eslovénia, o Reino Unido, a França e o Luxemburgo também pertencem ao grupo de países que obtêm resultados acima da média na aprendizagem ao longo da vida. No outro extremo da escala, encontramos novos países e países em transição, como a Roménia, a Bulgária, a Croácia e a Grécia. Se olharmos para a dimensão temporal, verificamos que, entre 2000 e 2007, a aprendizagem ao longo da vida ganhou importância na maioria dos países, independentemente do seu nível de compromisso, com exceção da Suécia e do Reino Unido, que se destacaram em termos de aprendizagem ao longo da vida até há duas décadas e que até regrediram ligeiramente desde então, mas após a crise financeira global de 2008 e o abrandamento económico que se seguiu em 2009, A aprendizagem ao longo da vida deteriorou-se em muitos países menos desenvolvidos e em alguns países europeus. Se olharmos para os dados sobre a participação na aprendizagem ao longo da vida para diferentes grupos etários nos Estados-Membros da UE e em alguns países europeus, a situação das pessoas com idades compreendidas entre os 25 e os 34 anos continuou a deteriorar-se na maioria dos novos países da UE entre 2007 e 2016, ao passo que melhorou na maioria dos países mais desenvolvidos, como a França, o Luxemburgo, a Áustria e a Suécia, com a Dinamarca a apresentar os resultados mais notáveis a nível europeu em termos de participação da geração mais jovem na aprendizagem ao longo da vida

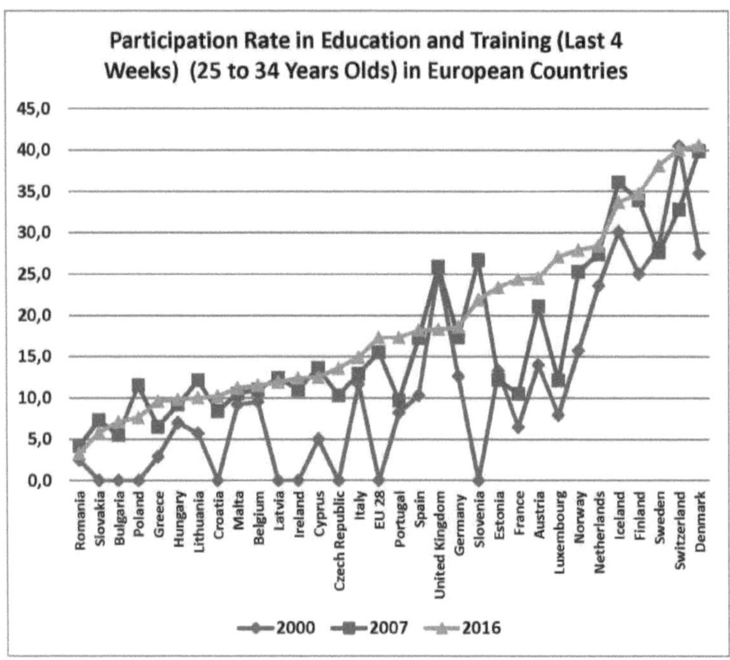

Fonte: Autor, dados extraídos do EUROSTAT

No Reino Unido e na Eslovénia, verificou-se uma maior deterioração da participação da geração mais jovem nos programas de aprendizagem ao longo da vida. A França, o Luxemburgo e a Suécia registam melhores resultados a este respeito, em comparação com os processos implementados em toda a União e fora dela. Do mesmo modo, se tivermos em conta os resultados do empenhamento da geração mais velha (55-64 anos), podemos analisar as diferenças entre gerações em termos de empenhamento na educação e na aprendizagem ao longo da vida e constatar que o empenhamento diminuiu, na melhor das hipóteses, para metade ou mais na maioria dos países observados. A nível da UE28, apenas cerca de 5% dos cidadãos mais velhos participam na aprendizagem ao longo da vida. A situação melhora quando se tem em conta os países mais desenvolvidos, nomeadamente os países escandinavos, com progressos notáveis em países como a França, o Luxemburgo e os Países Baixos, mas com uma participação quase negligenciável da geração mais velha na aprendizagem ao longo da vida nos países mais recentes da UE da Europa Oriental e do Sudeste.

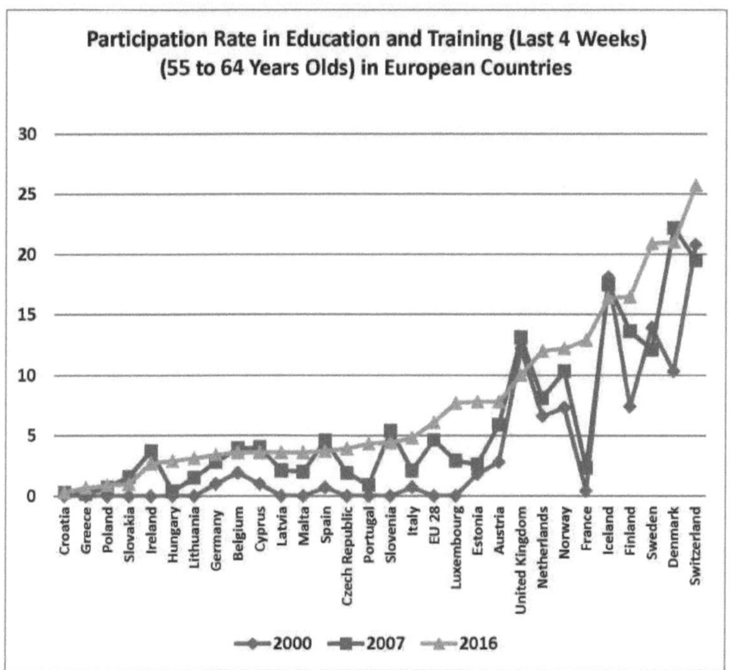

Fonte: Autor, dados extraídos do EUROSTAT

A experiência de países como o Reino Unido, a Eslovénia, a Espanha e a Irlanda mostra que a participação dos idosos em programas de aprendizagem ao longo da vida diminuiu desde 2008. Se alargarmos a análise da aprendizagem ao longo da vida de modo a incluir os resultados escolares, mas centrando-nos no ensino superior, torna-se claro que os países que estão a fazer progressos na aprendizagem ao longo da vida estão também a fazer progressos em termos de inscrições no ensino superior; França, Luxemburgo, Suécia e Portugal Por outro lado, a situação no Reino Unido deteriorou-se neste domínio. Os países escandinavos registam os melhores resultados, enquanto os países da Europa de Leste registam os piores.

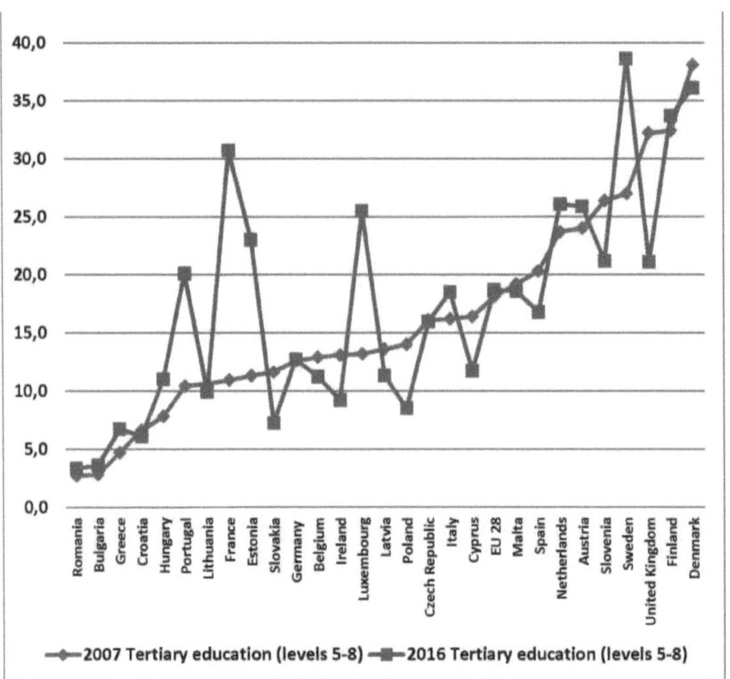

Taxa de participação em acções de educação e formação (últimas 4 semanas) por nível de ensino na UE (25-64 anos)

Ao nível da análise que tem em conta o tipo de duração do emprego, são utilizadas duas dimensões para a análise: a natureza temporária ou permanente do contrato de trabalho e as alterações entre 2005 e 2015 para as quais existiam estatísticas disponíveis. O primeiro resultado é que as pessoas que trabalham com um contrato sem termo têm muito menos probabilidades de participar em programas de aprendizagem ao longo da vida e que, no subgrupo de aprendizagem ao longo da vida das pessoas que trabalham com um contrato a termo, os países nórdicos não estão em primeiro lugar, como em todos os outros casos; estão atrás da Alemanha, da Áustria e dos Países Baixos, que ultrapassaram o nível da UE a este respeito.

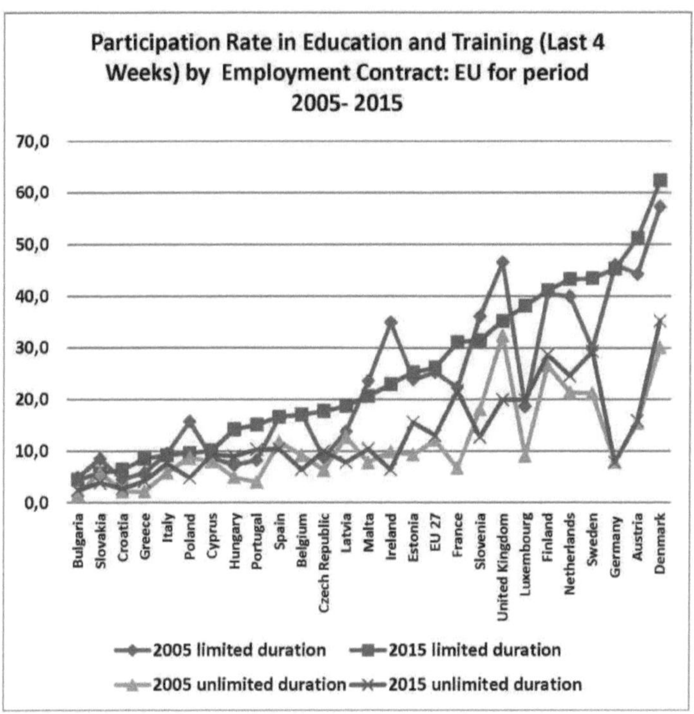

Fonte: Autor, dados extraídos do EUROSTAT

O Reino Unido, a Irlanda e a Polónia tinham anteriormente ficado para trás em ambas as categorias. Os novos países da Europa Oriental e a Itália tiveram um desempenho menos bom, independentemente da duração do contrato de trabalho, mas estão gradualmente a registar mudanças positivas a este respeito.

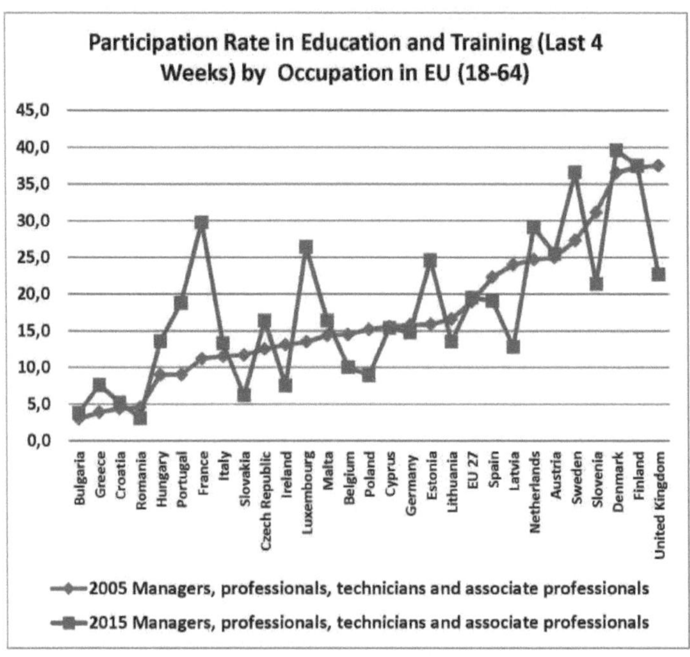

Fonte: Autor, dados extraídos do EUROSTAT

É acrescentado o aspeto da participação na aprendizagem ao longo da vida por profissão relevante para as escolas de gestão. 20% dos gestores, profissionais, técnicos e juniores dos Estados-Membros da UE participam na aprendizagem ao longo da vida. A França pode ser identificada como o país que mais fez para aumentar a participação em programas de educação e formação contínua. Segue-se o Luxemburgo e a Estónia. Os países escandinavos continuam a liderar neste domínio; a Suécia e a Dinamarca, em particular, atingiram o limiar de 40% de gestores, profissionais, técnicos e juniores que participam em actividades de formação contínua. A maior diminuição da participação na aprendizagem ao longo da vida para os profissionais foi registada no Reino Unido, bem como na Eslováquia, Bélgica, Espanha e Letónia. Tal como nas outras categorias, as taxas mais baixas de participação na aprendizagem ao longo da vida foram registadas na Bulgária, na Roménia e na Croácia, enquanto a Grécia apresentou uma melhoria acentuada nesta categoria.

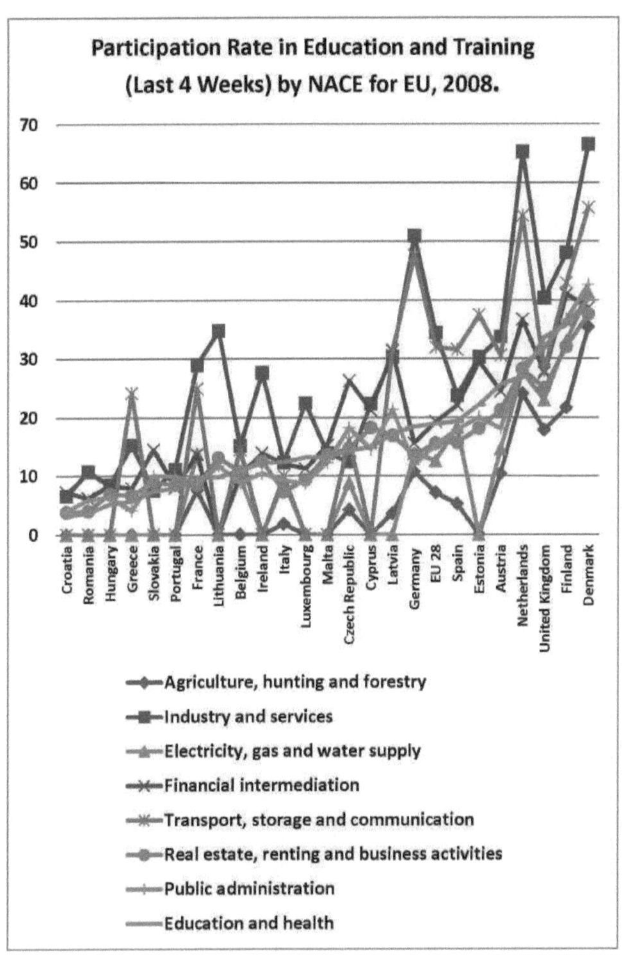

Fonte: Autor, dados extraídos do EUROSTAT[9]

[9] [10]Se analisarmos a participação na aprendizagem ao longo da vida de acordo com a classificação setorial da NACE como uma tendência geral, a participação na aprendizagem ao longo da vida é, em média, na União Europeia, mais elevada na indústria e serviços conexos, com as profissões de transportes, armazenagem e comunicações em segundo lugar. No sector financeiro.

---

[9] As estatísticas sectoriais mais recentes referem-se a 2008

[10] A nomenclatura estatística das actividades económicas na Comunidade Europeia, abreviadamente designada por NACE, é a nomenclatura das actividades económicas na União Europeia (UE); económico

No sector da educação e da saúde, 20% dos trabalhadores participaram em programas de aprendizagem ao longo da vida. Surpreendentemente, este não é o caso dos trabalhadores do sector público e do comércio, que se encontram no extremo inferior do espetro da aprendizagem ao longo da vida. A participação é particularmente baixa em dois sectores que desempenham um papel importante na agenda do desenvolvimento ecológico e sustentável: a energia e a agricultura, onde menos de 10% dos trabalhadores agrícolas participaram em actividades de aprendizagem ao longo da vida.

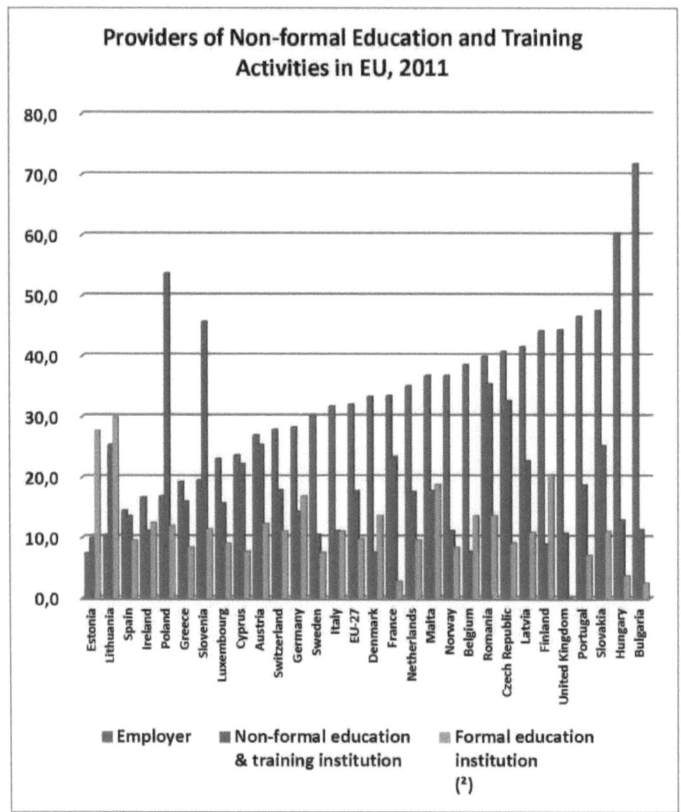

Fonte: Autor, dados extraídos do EUROSTAT

Há uma área de nicho em que as escolas de gestão da UE se poderiam envolver mais ativamente, nomeadamente a
oferta de educação e formação não formais sob a forma de módulos educativos flexíveis sobre desenvolvimento sustentável para diferentes grupos-alvo ou grupos de interesse. Alguns países, como a Finlândia e os Estados Bálticos da Estónia e da Lituânia, já o fazem. Outra forma de promover o capitalismo sustentável é abordar os

empregadores para que ofereçam educação em matéria de desenvolvimento sustentável a nível local e, finalmente, participar em consórcios com organizações de educação não formal, ou mesmo liderá-los. Uma forma de aproveitar as oportunidades para as escolas de gestão é, sem dúvida, tornar o capital sustentável parte da sua missão e actividades educativas e dar legitimidade e reconhecimento formais a estes processos que, de outro modo, seriam informais.

8) Conclusão

O desenvolvimento da academia de Platão é interessante enquanto desenvolvimento institucional do sistema educativo antigo. Platão fundou esta escola num pequeno jardim para educar os seus discípulos e discutir filosofia. Mas esta escola era muito diferente do que hoje entendemos por forma e papel da educação e do seu objetivo na sociedade. Várias gerações depois de Platão tentaram fazer da escola um lugar de efervescência intelectual. Esperava-se que os alunos se inspirassem e tentassem avaliar criticamente a realidade que os rodeava. Podemos dizer que a educação ainda desempenha esse papel e tem esse formato, ou podemos antes considerar que as escolas de gestão têm hoje uma ambição e um impacto tão notáveis na vida dos seus alunos, na economia ou na sociedade em geral? Um elemento notável que tem contribuído para a legitimidade e eficácia da ciência na sua avaliação puramente pedagógica ou como agente de ordem e mudança social é o facto de a sua fama e validade se deverem ao facto de Platão, tal como os seus antecessores, ter sido geralmente considerado como alguém que fazia o que ensinava. Esta contradição entre a virtude e a teoria da aprendizagem como uma virtude da vida é algo que é frequentemente criticado no contexto mais moderno da educação, onde o papel das escolas de gestão é duplo: fazem parte do mundo que influenciam e influenciam o mundo. A segunda lição muito importante que podemos retirar da embriologia platónica das instituições educativas ocidentais é que Platão nunca insistiu em plataformas e formulações educativas estritamente dogmáticas. Não só tolerou outras disciplinas, como insistiu que o pluralismo fosse encorajado no seio de uma única disciplina, no seio de um único centro de aprendizagem, neste lugar, dentro dos muros do jardim público que rodeava o mundo da primeira Academia. Imaginava esta instituição como mais fluida e mais completa do que aquilo que os estabelecimentos de ensino assumem hoje como sua missão. O processo educativo da Academia de Platão consistia em três camadas de ouvintes: Platão e o seu círculo íntimo de amigos e alunos (no sentido estrito, futuros líderes) visitavam as suas instalações e discutiam ideias dentro dos limites da sua casa. Depois, havia os auditores gerais do ensino académico (em sentido estrito, podemos chamar-lhes estudantes) e a terceira camada era constituída por membros interessados do público em geral (hoje, podemos associá-la ao público em geral da visibilidade das actividades das instituições de ensino). Como já expliquei, Platão via o seu papel nesta academia de forma muito diferente do que hoje entendemos frequentemente como o papel de um educador e diretor em instituições de ensino como as escolas de gestão. Propunha temas amplos para discussão, assumia o papel de sugerir possíveis abordagens aos tópicos (em vez de ditar como deveriam ser) e, finalmente, encorajava constantemente todos os participantes no processo educativo ou, mais precisamente, no processo de criação de conhecimento por todos os envolvidos de uma forma ou de outra na academia. Quanto à legitimidade geral da sua academia, as pessoas vinham de todo o lado para a visitar e ter a oportunidade de ver e conhecer Platão. Porque é que esta analogia pode ajudar-nos a abordar este tema? O século XXI traz consigo desafios que o atual modelo de desenvolvimento do capitalismo dominante ainda não conseguiu enfrentar. As crises ambientais e sociais, o relativo abrandamento do crescimento global e o ressurgimento do protecionismo global apontam para o facto de os actuais regimes não serem sustentáveis. Neste sentido, as escolas de gestão têm uma oportunidade única de responder a uma série de críticas sobre a sua legitimidade e contribuição para estas crises, e podem fazê-lo de forma sistémica, como defensoras de um capitalismo sustentável emergente. As Nações Unidas, uma das instituições globais mais importantes, estabeleceram uma base sólida de documentos globais sobre o capitalismo global sustentável, tendo começado a desenvolver e a apoiar uma agenda de desenvolvimento sustentável há quase quatro décadas. No entanto, estes elementos têm de ser integrados de forma mais ativa por uma rede de partes interessadas a nível mundial, na qual as escolas de gestão podem desempenhar um papel importante e visível enquanto divulgadoras de lógicas, princípios e práticas sustentáveis no processo de aprendizagem ao longo da vida sobre sustentabilidade. A análise da aprendizagem ao longo da vida nos programas educativos da UE mostrou que os defensores do capitalismo sustentável têm um potencial considerável para envolver sectores mais vastos da população e diferentes países em módulos de educação e formação relacionados com práticas sustentáveis. A aprendizagem ao longo da vida e o crescimento parecem andar de mãos dadas, e a melhoria da aprendizagem ao longo da vida para um vasto leque de partes interessadas poderá ser essencial para que o capitalismo sustentável se imponha. O número de gestores, profissionais ou dirigentes de empresas em geral que participam em programas de aprendizagem ao longo da vida é ainda insuficiente, e muito menos os quadros superiores, os trabalhadores mais velhos e os trabalhadores com contratos permanentes. Simultaneamente, as análises sectoriais demonstraram que, em certos domínios essenciais ao desenvolvimento sustentável, como a energia ou a agricultura, a participação em programas de aprendizagem ao longo da vida é totalmente inexistente. Tendo em conta que praticamente todo o sistema precisa de ser alterado e que uma percentagem significativa de profissionais não está familiarizada com os aspectos práticos do capitalismo sustentável, torna-se claro que este não é apenas um nicho potencial para a atividade das escolas de gestão, mas um nicho para o futuro, quer esta mudança envolva a introdução de módulos de formação formal ou a oferta específica de educação informal ou menos formal, mas igualmente importante, ou de formação em liderança relacionada com o desenvolvimento sustentável. De acordo com os documentos das Nações Unidas, o capitalismo sustentável emergente pode ser descrito como uma realidade interligada que está a transformar gradualmente a economia e a sociedade. Antes de mais, o capitalismo sustentável tem por objetivo reduzir o fosso crescente entre ricos e pobres e enfrentar a crise ambiental global, combatendo a pobreza e a desigualdade e eliminando o esgotamento dos recursos naturais. Consequentemente, oferece uma visão e uma missão inclusivas que combatem todas as formas de desigualdade. O capitalismo sustentável, enquanto realidade inclusiva, assegura sistematicamente o desenvolvimento económico, social e ambiental, mas de uma forma que não ponha em perigo os sistemas naturais que sustentam a vida na Terra: a atmosfera, a água, o solo e os seres vivos. Por conseguinte, o capitalismo sustentável aborda simultaneamente os desafios inter-relacionados do crescimento demográfico, da segurança alimentar, da urbanização, da energia e da sustentabilidade dos ecossistemas a nível local, nacional, regional e global. Centra-se na criação e difusão de tecnologia a nível nacional e internacional, mas, ao contrário do modelo atual, baseia-se em acordos económicos internacionais mais sustentáveis, na dívida sustentável e reintroduz a importância das infra-estruturas de investimento social e económico. Num tal capitalismo global sustentável, os interesses comuns só podem ser articulados através da cooperação internacional, mas com um papel novo e modificado para as instituições inclusivas e a fusão da ecologia e da economia na tomada de decisões, em vez de uma fragmentação de papéis e responsabilidades. Dado que a mudança não acontecerá por si só, estou inclinado a propor que aceitemos todos os riscos macroeconómicos e não económicos da insustentabilidade, mantendo o status quo e entrando num segundo "New Deal" global para uma maior sustentabilidade no século XXI. Este modelo de capitalismo sustentável basear-se-ia em quatro áreas notáveis com ligações sociais/económicas/ecológicas interdependentes. Combinaria os seguintes requisitos: Agir para o crescimento, igualdade económica como capacitação da classe média e erradicação da pobreza, repensar a sustentabilidade como uma força inovadora e, finalmente, trabalhar para a paz como parte de uma unidade mais ampla e mais próspera do capitalismo sustentável. As escolas de gestão poderão desempenhar um papel especial na promoção da agenda da sustentabilidade como parte da aprendizagem contínua dos actores globais na criação de um capitalismo sustentável.

Literatura

Adler, N.J. e Harzing, A.-W. (2009), "When knowledge wins: overcoming the meaning and nonsense of academic rankings", Academy of Management Learning and Education, Vol. 8 No. 1, pp. 72D95

Akrivu, K., & Bradbury-Huang, H. (2015). Alimentando catalisadores integrados: Transformando as escolas de negócios em direção à ética e à sustentabilidade. Academy of Management Learning & Education 14 (2), 222-240.

Antunes, D. e Thomas, H. (2007), "The competitive disadvantages of European business schools", Long Term Planning, Vol.40, No.3, pp.382-404

Baets, V. e Oldenboom, E. (2009). Rethinking growth: social intrapreneurship for sustainable development. Palgrave Macmillan.

Bennis,W.G.,&O'Toole,J.2005.How business schools lost their way. Harvard Business Review, 83(5): 96-105.

Bevan, D. & Werhan, P. H. (2011). Teoria das partes interessadas. Em Molly Painter-Morland e René ten Bos (eds.), Business ethics and continental philosophy. Cambridge University Press. pp. 37-60.

Bieger, T. (2011), "Businessschools - from career training centres towards enablers of CSR: a new vision for teaching at business schools", em Morsing, M. e Sauquet Rovira, A. (Eds), Business Schools and their Contribution to Society, Sage, Londres, pp. 104-113.

Block, F. 2007. Understanding the different development trajectories of the United States and Western Europe: a neopolitical analysis. Politique & Société, 35(1): 3-33.

Boyle, M.E. 2004: Business Schools, legitimacy and citizenship. Economie et Société, 43(1): 37-68.

Burchell, J., Kennedy, S., & Murray, A. (2015). Responsible management education in UK business schools: A critical analysis of the role of the United Nations Principles for Responsible Management Education as a driver for change. Management Learning 46(4),

479-497.

Clayton, A.M.H. e Radcliffe, N.J. (1996). Sustainability: A Systems Approach, Londres, Earthscan.

Colby, A., Ehrlich, T., Sullivan, W.M., & Dolle, J.R. (2011), Rethinking undergraduate business education: Liberal learning for the profession, Jossey-Bass, San Francisco, CA.

Costanza, R, van der Leeuw, S, Hibbard, K et al 2012, 'Developing an Integrated History and Future of People on Earth (IHOPE)', Current Opinion in Environmental Sustainability, vol. 4, no. 1, pp. 106-114.

Curtis, P. e van der Kamp, M. (2013). Developing leaders for the future: Integrating sustainability into mainstream leadership programmes. Documento de trabalho de Cambridge

Datar, S.M., Garvin, D.A. e Cullen, P.G. (2010), RethinkingTheMBA. BusinessEducationatthe Crossroads, Harvard Business Press, Boston, MA.

David C. Wilson, Howard Thomas, (2012) "Business school business legitimacy: what is the future?", Journal of Management Development, Vol. 31 Iss : 4, pp.368 -376

Dillon, John (2003). Os herdeiros de Platão: um estudo da Academia Antiga. Clarendon Press.

Duncan, W. J. 2004. The case for great books in management education. Academy of Management Learning and Education, 3: 421-28.

Dyllick, T. e Tomczak, T. (2009), "Erkenntnistheoretische Grundlagen der Marketingwissenschaft", em Buber, R. e Holzmüller, H. (Hrsg.), Qualitative Marktforschung, 2.ª edição, Gabler, Wiesbaden, pp. 65-79.

Gaddis, P. O. 2000. Business schools: Fighting the enemy within. Strategy and Economics, 21(4): 51-57.Gaddis, P. O. 2000. Business Schools: The fight against the enemy within. Strategy and Economics, 21(4): 51-57.

Gentile, M.C. (2010), "Voicing values", Yale University Press, New Haven, CT.

Ghoshal, S. (2005), "Bad management theories destroy good management practice", Academy of Management Learning and Education, Vol. 4, No. 1, pp. 75-91.

Guillen, M. 2001. The limits of convergence: globalization and organizational change in Argentina, South Korea and Spain [Os limites da convergência: globalização e mudança organizacional na Argentina, Coreia do Sul e Espanha]. Princeton, NJ: Princeton University Press.

Hambrick, D.K. (1994), "What if the academy really mattered?", Discurso Presidencial de 1993, Academy of Management Review, Vol. 19 No. 1, pp. 11-16.

Henisch, Witold (2011), Using the financial crisis to deliver on the promise of progressive management, Academy of Management Learning and Education, 10 (2), pp. 289-321

Hommel, W., Painter-Morland, M., & Wang, J. (2012). O gradualismo instala-se e a perceção tem precedência sobre o conteúdo. Global Focus, 6(20), 30-33.

Hommel, W., & Thomas, H. 2014, Pesquisa em escolas de negócios: temas, conjecturas e direções futuras. In A. M. Pettigrew, E. Cornuel, & U. Hommel (Eds.), The institutional development of business schools:6 -35. Oxford, Reino Unido: Oxford University Press.

Jeffrey Pfeffer1 e Christina T. Fong1 "O fim das escolas de gestão? Menos bem sucedido do que parece" ACAD MANAG LEARN EDU 1 de setembro de 2002 Vol. 1 No. 1 7895

Johnson, H. G. 1971, The Keynesian revolution and the monetarist counter-revolution. American Economic Review, 61(2): 1-14.

Khurana, R. (2007), From higher purposes to hired hands, Princeton University Press, Princeton, NJ.

Kiron, D., N. Kruschwitz, K. Haan^s, e I. W. S. Velken 2012 "Sustainable development approaches a tipping point" MIT Sloan Management Review, 53:69-74

Lamsa, A.M., Vehkapera, M., Puttonen, T. & Pesonen, H.L. (2008). A influência do ensino da economia nas atitudes dos estudantes do sexo masculino e feminino relativamente à responsabilidade das empresas na sociedade.

Revista de Ética Económica, 82, 45-58.

Leroy, P., van den Bosch, H. e Ligthart, S. (2001). O papel da aprendizagem baseada em projectos no programa de ciências ambientais políticas e sociais da Universidade de Nijmegen. Revista Internacional de Desenvolvimento Sustentável no Ensino Superior 2(1), 8-20.

Lindvall, J. 2006, The politics of purpose: Swedish economic policy after the golden age. Comparative Politics, 38(3): 253-272.

D.H. Meadows, D.L. Meadows, J. Randers, e W.V. Behrens III, The Limits to Growth, Universe Books, Nova Iorque, 1972.

Mintzberg, H. 2004. Managers, not masters: A hard look at the soft practice of management and management development. São Francisco, CA: Berrett-Koehler.

Mitroff, E. 2004. an open letter to the deans and faculties of American business schools.JournalofBusinessEthics,54(2): 185-189

Muff, K., Dillick, T., Drewell, M., North, J., Srivastava, P. e Haertl, J. (2013). Management education for the world: A Vision for Business Schools Serving People and Planet. Northampton, MA: Edward Elgar Publishing.

Noguchi, F., Guevara, H.R. & Yorozu, R. 2015. Comunidades em ação: aprendizagem ao longo da vida para o desenvolvimento sustentável. Hamburgo, UIL. Disponível online em http://bit.ly/1NxGncP.

Painter-Morland, M. J. (2015). Pressupostos filosóficos que prejudicam o ensino responsável da gestão. Revista de desenvolvimento da gestão 34(1), 61-75.

Pettigrew, A. (2001), "Management research after modernism", British Journal of Management, Vol. 12 No. S1, pp. S61-S70

Pezzey, J.C.V., e M.A. Toman. 2002. Progress and challenges in sustainable development economics. Em International Yearbook of Environmental and Resource Economics 2002/3, editado por T. Titenberg e H. Folmer. Cheltenham, Reino Unido: Edward Elgar, 165-232.

Pfeffer, J. & Fong, K. T. (2002). O fim das escolas de gestão? Less success than it seems'. Academy of Management Learning and Education, 1, 78-95.

Pfeffer, J., & Fong, C. T. 2004, Business School "business": Some lessons from the U.S. experience. Stanford Graduate School of Business Research Paper Series, 2004.

Piketty, T., & Goldhammer, A. (2014). Capital in the twenty-first century. Cambridge, MA: The Belknap Press of Harvard University Press.

Rasche, A. Gilbert, D. W. & Schedel, I. (2013). Formação interdisciplinar em ética nos programas de MBA - retórica ou realidade? Academy of Management Learning and Education 12(1), 71-85.

Rohm, N. (2005). Ensinar o desenvolvimento sustentável num programa de MBA global: a experiência do One MBA. Corporate Strategy and the Environment. 14, 160-171.

Rusinko, K.A. (2010). Integrar a sustentabilidade na gestão e na educação económica. Academy of Management Training and Education 9(3), 507-519.

Russell, Jeremiah. "Quando os filósofos governam: a Academia de Platão e o poder do Estado". History of Political Thought 33.2 (2012): 209-230.

Raines, S.L. e Shapiro, D.L. (2005), "Public policy and the public interest: what if we mattered more?", Editors' Forum, Academy of Management Journal, Vol. 48 No. 6, pp. 925-927.

Schuhmacher, P. J. 2008. Future business challenges: Rethinking management education and research. California Management Review, 50(3) : 119-139

Starick, R., Marcus e Clark (2010). Editorial: Em busca da sustentabilidade no ensino da gestão. Academy of Management Learning & Education , 9(3), 377-383.

Starkey,K.,&Tempest,S.2009.O inverno do nosso descontentamento: Um desafio de conceção para as escolas de gestão. The Academy of Management Learning & Education, 8 : 576-586.

Sterling, S. (2004). Ensino superior, sustentabilidade e o papel dos sistemas de aprendizagem. Em

P. Corcoran e A. Walls (eds.), Higher Education and the Challenge of Sustainability: Challenging, Critiquing, Practising and Promising. Dordrecht, Kluwer Academic.

Stibbe, A. (2009). The Handbook of Sustainability Literacy: Skills for a changing world (Manual de Literacia da Sustentabilidade: Competências para um mundo em mudança). Totnes, Green Books

Stiglitz, J. E. (2012). The price of inequality: how today's divided society endangers our future [O preço da desigualdade: como a sociedade dividida de hoje põe em perigo o nosso futuro]. Nova Iorque, W.W. Norton & Co.

Swaen, W., de Woot, P. e de Callatai, D. (2011), "The 21st century business school: educating citizens to meet the world's new challenges", em Morsing, M. e Sauquet Rovira, A. (Eds), Business Schools and their Contribution to Society, Sage, Londres, pp. 175-192.

Thomas, H. e. Wilson, A.D. (2011), "Physicists' invy, cognitive legitimacy or practical relevance: dilemmas in the evolution of management research in the UK", British Journal of Management, Vol. 22, No. 3, pp. 4.43-456.

Truscheit, A. e Otte, K. (2007). Sustainable Games People Play: Teaching sustainability skills through role-play, NordWestPower. Em Galea, K. (ed.) Teaching business sustainability. Volume 2: Case studies, simulations and experimental approaches. Sheffield, Greenleaf, 164-170.

Nações Unidas; Cimeira da Terra - Agenda 21 (1992)

Nações Unidas; O futuro que queremos - Resolução adoptada pela Assembleia Geral em 27 de julho de 2012

Nações Unidas; Relatório Mundial de Sustentabilidade 2014

Nações Unidas; Relatório Mundial sobre o Desenvolvimento Sustentável 2015

Nações Unidas; Relatório Mundial de Sustentabilidade 2016

Nações Unidas; Transformar o nosso mundo: a Agenda 2030 para o Desenvolvimento Sustentável (2015)

Watts, Edward. "Making the Academy: Historical Discourse and the Form of Community in the Old Academy". The Journal of Hellenic Studies 127 (2007): 106-122.

Werhan, P. W. e Painter-Morland, M. (eds.) (2011). Leadership, gender and the organization. Dordrecht, Springer.

Wilson, David K. e Thomas, Howard (2012) Business School business legitimacy: what is the future? Journal of Management Development, Vol.31 (No.4). pp. 368376. ISSN 0262-1711.

Comissão Mundial para o Ambiente e o Desenvolvimento WCED (1987) Our Common Future (Oxford: Oxford University Press)

Wright, R. E. 2010. Teaching history in business schools: An insider's look. Academy of Management Learning & Education, 9: 697-700.

Printed by Books on Demand GmbH, Norderstedt / Germany